保育者をめざす

楽しい音楽表現

――― 監修・編著 ―――
高御堂愛子・植田　光子・木許　　隆

――――― 著者 ―――――
岩佐　明子・岡田　暁子・岡田　泰子
奥田　恵子・加藤あや子・菊池由美子
田中　知子・松川　亜矢・松本亜香里

圭文社

はじめに

　子どもたちの生活は、様々な「表現」に満ちあふれています。あそびの中で思いきりうたったり、踊ったり、手を打ったり、身体を揺らしたりするのは、子どもにとって大切な「音楽表現」です。

　子どもの音楽表現は、「幼稚園教育要領」、「保育所保育指針」、「幼保連携型認定こども園教育・保育要領」の保育内容5領域「健康・人間関係・環境・言葉・表現」の一つである領域「表現」を軸に、保育の中で展開されなければなりません。
この度、平成29年3月31日、「幼稚園教育要領」、「保育所保育指針」、「幼保連携型認定こども園教育・保育要領」が同時に改訂・告示されました。この改訂の特徴は、3施設の幼児教育の共通性が明確になったこと、満3歳以上の子どもの幼児教育の共通化、子どもたちはどの園へ通おうと同じ幼児教育を学ぶということです。

　改訂された幼稚園教育要領の領域「表現」には、「その際、風の音や雨の音、身近にある草や花の形や色など自然の中にある音、形、色などに気付くようにすること。」、「様々な素材や表現の仕方に親しんだり、」という言葉が付け加えられました。感性は身近な環境の中で美しいもの、優れたもの、心動かす出来事に出会い、そこから得た感動を表現して育ちます。この感性は保育者が気付き丁寧に関わることを通して、耳を傾けるところから子どもに伝わっていきます。保育者には「子どもが表現したい」という気持ちを受け止め、あそびを通して総合的な指導力が求められます。今、子どもを取り巻く社会の変化は、保育者へ高い期待と専門性を求めているのです。

　私たちは、平成21年4月に初心者から経験者まで楽しく学べる実践書として「幼稚園教諭・保育士をめざす　楽しい音楽表現」を出版しました。今回の改訂を受け、新しいテキスト「保育者をめざす　楽しい音楽表現」を改訂・出版することになりました。「表現活動」に関する掲載曲は、全てやさしい形のアレンジにしてあります。

　これから始まる授業を通して保育者を目指す皆さんには、保育者の役割や子どもへの援助や指導についてしっかり学んでいただきたいと思います。そして、音楽の特質をふまえながら、子どもの音楽的な表現を引きだす力を養っていただきたいと思います。また、保育現場や教育現場で活躍されている皆さんには、ぜひ目を通していただき、現場で活用され、お役に立てれば幸いです。

　尚、この本では、幼稚園教育要領で使われている「教師」、保育所保育指針で使われている「保育士等」、幼保連携型認定こども園教育・保育要領で使われている「保育教諭等」という言葉を、「免許」や「資格」の名称として用いるのではなく、総称として「保育者」と表記しています。

　　　　　　　　　　　　　　　　　　　　　監修・編著　髙御堂愛子　植田　光子　木許　隆

目　次

第1章　子どもと表現
- Ⅰ．子どもと表現 ･･･ 8
- Ⅱ．「幼稚園教育要領」、「保育所保育指針」、
  　　「幼保連携型認定こども園教育・保育要領」の変遷から領域（表現）を探る ････ 9
  - 1　三法令の流れ ･･･ 9
  - 2　幼稚園教育要領の変遷 ･････････････････････････････････ 12
  - 3　幼稚園教育において育みたい資質・能力及び「幼児期の終わりまでに育ってほしい姿」･･ 15
  - 4　保育所保育指針の変遷 ･････････････････････････････････ 18
  - 5　幼保連携型認定こども園教育・保育要領の変遷 ･･･････････ 20
- Ⅲ．領域「表現」と音楽表現 ･･････････････････････････････････ 21
  - 1　保育者と幼稚園教育要領 ･･･････････････････････････････ 21
  - 2　「幼稚園教育要領」の「ねらい及び内容」について ･･･････ 21
  - 3　領域「表現」の「ねらい」・「内容」･････････････････････ 22
  - 4　「内容の取扱い」の「身の回りや自然の音、形、色に気付く」「素材や表現の仕方に親しんだり」･･ 23
- Ⅳ．子どもの音楽的表現活動　－5つの活動を通して－ ･･･････････ 25
  - 1　うたう活動 ･･･ 26
  - 2　きく活動 ･･･ 27
  - 3　ひく活動 ･･･ 27
  - 4　うごく活動 ･･･ 28
  - 5　つくる活動 ･･･ 29
- Ⅴ．日本の幼児音楽教育の歴史と変遷 ･･････････････････････････ 30
  - 1　明治時代のはじめ ･････････････････････････････････････ 30
  - 2　明治時代の中頃から ･･･････････････････････････････････ 30
  - 3　大正時代 ･･･ 30
  - 4　昭和時代 ･･･ 31
  - 5　現代 ･･･ 31
- Ⅵ．世界の音楽教育 ･･ 32
  - 1　E.J. ダルクローズ（Emile Jaques-Dalcroze 1865-1950）････ 32
  - 2　Z. コダーイ（Kodály Zoltán 1882-1967）･･････････････････ 32
  - 3　C. オルフ（Carl Orff 1895-1982）･････････････････････････ 34
  - 4　R. シュタイナー（Rudolf Steiner 1861-1925）･･････････････ 34

第2章　動きと表現
- Ⅰ．動きの表現方法 ･･ 36
  - 1　動きの表現　（歩く・走る・跳ぶ、など）･････････････････ 36
  - 2　速度の表現（速い・ゆっくり・強弱、など）･･･････････････ 37
  - 3　表現法（大・小、など）･･･････････････････････････････ 38
  - 4　単数から複数・グループへ ･････････････････････････････ 38
- Ⅱ．実践における即興的な伴奏法と効果音 ･･････････････････････ 39
  - 1　即興的な伴奏法 ･･･････････････････････････････････････ 39
  - 2　効果音 ･･･ 44
- Ⅲ．音楽と動きのあるあそび ･･････････････････････････････････ 46
  - 1　ことばのまねっこあそび ･･･････････････････････････････ 46
  - 2　楽しいごっこあそび ･･･････････････････････････････････ 46
  - 3　想像しながら表現する ･････････････････････････････････ 45
  - 4　歌の表現 ･･･ 46
- Ⅳ．様々なあそびと子どもの育ち ･･････････････････････････････ 48
  - 1　ふれあうあそび ･･･････････････････････････････････････ 48
  - 2　手や指のあそび ･･･････････････････････････････････････ 49
  - 3　ことばのあそび ･･･････････････････････････････････････ 50

※曲順は原則「あ」から始まりますが、レイアウトの関係上順番が前後します。

  4　うごくあそび・・・・・・・・・・・・・・・50
  5　つくるあそび・・・・・・・・・・・・・・・51
  6　季節のあそび・・・・・・・・・・・・・・・52
  7　集団のあそび・・・・・・・・・・・・・・・53

第3章　子どものあそびうた

 Ⅰ.子どもにとって「あそび」とは・・・・・・・・54
  1　子どもの「あそび」・・・・・・・・・・・54
  2　「あそび」とは・・・・・・・・・・・・・54
  3　あそびのおもしろさ・・・・・・・・・・・55
  4　伝承あそびのおもしろさ・・・・・・・・・56
 Ⅱ.子どもの歌唱表現・・・・・・・・・・・・・・57
  1　子どもの生活と歌・・・・・・・・・・・・57
  2　教材の選択と注意点・・・・・・・・・・・57
  3　歌の内容と保育者の「ことばがけ」・・・・57
  4　保育者の心構え・・・・・・・・・・・・・57
  5　子どもの自然な声・・・・・・・・・・・・58
  6　保育者の自然な声・・・・・・・・・・・・58
  7　ことばと声域・・・・・・・・・・・・・・58
  8　保育者として留意すること・・・・・・・・58
 Ⅲ.わらべうたあそび・・・・・・・・・・・・・・59
  1　わらべうたと伝承あそび・・・・・・・・・59
  2　わらべうたとその意義・・・・・・・・・・59
  3　わらべうたの特徴・・・・・・・・・・・・59
  4　現代のわらべうた・・・・・・・・・・・・60
  5　今後のわらべうた・・・・・・・・・・・・61
 Ⅳ.あそびうた①（わらべうた）・・・・・・・・・62
  あがりめさがりめ・・・・・・・・・・・・・62
  あんたがたどこさ・・・・・・・・・・・・・63
  あぶくたった・・・・・・・・・・・・・・・64
  いちにのさん・・・・・・・・・・・・・・・66
  いちもんめのいすけさん・・・・・・・・・・67
  1本ばしこちょこちょ・・・・・・・・・・・68
  おおなみこなみ・・・・・・・・・・・・・・70
  おしくらまんじゅう・・・・・・・・・・・・71
  おちゃらかホイ・・・・・・・・・・・・・・72
  おてらのおしょうさん・・・・・・・・・・・74
  かごめかごめ・・・・・・・・・・・・・・・76
  げんこつ山のたぬきさん・・・・・・・・・・77
  ことしのぼたん・・・・・・・・・・・・・・78
  ずいずいずっころばし・・・・・・・・・・・80
  だるまさん・・・・・・・・・・・・・・・・81
  ちゃつぼ・・・・・・・・・・・・・・・・・82
  ちょちちょちあわわ・・・・・・・・・・・・83
  はないちもんめ・・・・・・・・・・・・・・84
  ポコペン・・・・・・・・・・・・・・・・・85
  ひらいたひらいた・・・・・・・・・・・・・86
  ほたるこい・・・・・・・・・・・・・・・・87
  ゆうびんやさん・・・・・・・・・・・・・・88

目次

第4章　手あそび・指あそび
- Ⅰ．手あそび・指あそびの必要性・・・・・・・・・・・・・・・・・・90
- Ⅱ．あそびうた②（手あそび・指あそび）・・・・・91
  - あおむしでたよ・・・・・・・・・・・・・・91
  - あくしゅでこんにちは・・・・・・・・・・92
  - あたま・かた・ひざ・ポン・・・・・・・94
  - あなたのおなまえは・・・・・・・・・・・95
  - 1丁目のドラネコ・・・・・・・・・・・・・96
  - 1ぴきの野ねずみ・・・・・・・・・・・・・97
  - 5つのメロンパン・・・・・・・・・・・・・98
  - いっぽんばし　にほんばし・・・・・・100
  - いとまき・・・・・・・・・・・・・・・・・101
  - いわしのひらき・・・・・・・・・・・・・102
  - おにのパンツ・・・・・・・・・・・・・・104
  - 大きなくりの木の下で・・・・・・・・107
  - おべんとうばこのうた・・・・・・・・108
  - おむねをはりましょ・・・・・・・・・・110
  - カレーライスのうた・・・・・・・・・・111
  - くいしんぼうのゴリラ・・・・・・・・112
  - グーチョキパーでなにつくろう・・114
  - こぶたぬきつねこ・・・・・・・・・・・115
  - コロコロたまご・・・・・・・・・・・・・116
  - こんなことできますか・・・・・・・・117
  - ごんべさんのあかちゃん・・・・・・・118
  - さかながはねて・・・・・・・・・・・・・119
  - ちいさな庭・・・・・・・・・・・・・・・120
  - チョキチョキダンス・・・・・・・・・・121
  - 手をたたきましょう・・・・・・・・・・122
  - はじまるよはじまるよ・・・・・・・・124
  - とんとんとんとんひげじいさん・・126
  - パン屋さんにおかいもの・・・・・・・127
  - パンダうさぎコアラ・・・・・・・・・・128
  - ピクニック・・・・・・・・・・・・・・・129
  - むすんでひらいて・・・・・・・・・・・130
  - やきいもグーチーパー・・・・・・・・131
  - 山ごや一軒・・・・・・・・・・・・・・・132
  - ゆらゆらタンタン・・・・・・・・・・・133

第5章　その他のあそび
- Ⅰ．全身を使って表現するあそびうた・・・・・・134
  - アルプス一万尺・・・・・・・・・・・・・134
  - かなづちトントン・・・・・・・・・・・136
  - かもつれっしゃ・・・・・・・・・・・・・137
  - ケンパであそぼう・・・・・・・・・・・138
  - ゆらゆらボート・・・・・・・・・・・・・139
  - バスごっこ・・・・・・・・・・・・・・・140
  - もうじゅうがりにいこうよ・・・・・142
  - ロンドン橋・・・・・・・・・・・・・・・144
- Ⅱ．絵かきうた・・・・・・・・・・・・・・・・・・・・・・145
  - あひる・イカ・・・・・・・・・・・・・・145

※曲順は原則「あ」から始まりますが、レイアウトの関係上順番が前後します。

　　　　おじさん・おにぎり ・・・・・・・・・・・・・・・・・146
　　　　かさ・さかな ・・・・・・・・・・・・・・・・・・・147
　　　　いちご・すいか・チューリップ ・・・・・・・・・・・・148
　　　　どんぐり・にんじん・ヨット ・・・・・・・・・・・・・149
　　　　カッパ・スコップ ・・・・・・・・・・・・・・・・・・150
　　　　ぞう・てるてるぼうず ・・・・・・・・・・・・・・・・151
　　　　へのへのもへじ・ねこ ・・・・・・・・・・・・・・・・152
　　　　ぼうし・ロケット ・・・・・・・・・・・・・・・・・・153
　Ⅲ．子どもの想像力をふくらませる教材 ・・・・・・・・・・・・154
　　　1　えほん ・・・・・・・・・・・・・・・・・・・・・・154
　　　2　かみしばい ・・・・・・・・・・・・・・・・・・・・154
　　　3　ペープサート ・・・・・・・・・・・・・・・・・・・154
　　　4　パネルシアター ・・・・・・・・・・・・・・・・・・155
　　　5　クイズやゲームの補助として使用する ・・・・・・・・・155
　Ⅳ．劇あそびと音楽 ・・・・・・・・・・・・・・・・・・・・156
　　　1　子どもたちのイメージづくり ・・・・・・・・・・・・・156
　　　2　演じる子どもたちはどんな子ども ・・・・・・・・・・・156
　　　3　脚色のテクニック ・・・・・・・・・・・・・・・・・156
　　　4　脚本づくりのテクニック ・・・・・・・・・・・・・・・157
　　　5　選曲のポイント ・・・・・・・・・・・・・・・・・・157
　　　6　脚本例「おむすびころりん」 ・・・・・・・・・・・・・158

第6章　子どもの楽器
　Ⅰ．楽器の紹介と演奏法 ・・・・・・・・・・・・・・・・・・160
　　　1　カスタネット ・・・・・・・・・・・・・・・・・・・160
　　　2　クラベス ・・・・・・・・・・・・・・・・・・・・・160
　　　3　ウッドブロック ・・・・・・・・・・・・・・・・・・161
　　　4　マラカス ・・・・・・・・・・・・・・・・・・・・・161
　　　5　ギロ ・・・・・・・・・・・・・・・・・・・・・・・161
　　　6　トライアングル ・・・・・・・・・・・・・・・・・・161
　　　7　すず ・・・・・・・・・・・・・・・・・・・・・・・162
　　　8　タンブリン ・・・・・・・・・・・・・・・・・・・・162
　　　9　小太鼓 ・・・・・・・・・・・・・・・・・・・・・・162
　　　10　大太鼓 ・・・・・・・・・・・・・・・・・・・・・・162
　　　11　シンバル ・・・・・・・・・・・・・・・・・・・・・163
　　　12　木琴・鉄琴 ・・・・・・・・・・・・・・・・・・・・163
　　　13　鍵盤ハーモニカ ・・・・・・・・・・・・・・・・・・163
　　　14　ベル ・・・・・・・・・・・・・・・・・・・・・・・163
　Ⅱ．アンサンブル（合奏・合唱）の指導 ・・・・・・・・・・・・164
　　　1　合奏における楽器配置例 ・・・・・・・・・・・・・・・164
　　　2　合唱におけるパート配置例 ・・・・・・・・・・・・・・165
　　　3　よりよいアンサンブルを実現するために ・・・・・・・・165
　Ⅲ．指揮法 ・・・・・・・・・・・・・・・・・・・・・・・・166
　Ⅳ．譜例 ・・・・・・・・・・・・・・・・・・・・・・・・・168
　　　　やきいもグーチーパー ・・・・・・・・・・・・・・・・168
　　　　アイ・アイ ・・・・・・・・・・・・・・・・・・・・・169

参考文献・引用文献一覧 ・・・・・・・・・・・・・・・・・・・173
監修・編著者プロフィール ・・・・・・・・・・・・・・・・・・174

第1章
子どもと表現

Ⅰ. 子どもと表現

　子どもたちの生活は、様々な「表現」に満ちあふれています。そして、子どもたちの日々の生活は「あそび」です。
　まず、子どもにとって「音楽表現」とは、どのようなものでしょうか。子どもは、嬉しいことや楽しいことがあると、歌を口ずさんだり、手を叩いたり、踊ったり、体を揺らしたり、走ったりというような、身振り・動作・声・表情などを通して自分自身を表現しようとします。そして、自分の感動を思いきり表現することを楽しみます。
　しかし、子どもの表現はつたなく、周りの人にうまく思いが伝わらない場合もあります。それは、子どもが最初に感じた「思い」を表現しているからです。その気持ちの素直さが、子どもの表現の素晴らしさといえるでしょう。子どもが表現しようとするパワーや、子どもの胸の奥にある感動を捉え共感することが、子どもの「表現力」を伸ばすことになるのです。そして、日常生活の中で出会う様々な事物・事象・自分の思いを、友だちや保育者と共有し、表現し合うことによって、さらに、子どもの豊かな「感性」を育むことへとつながるのです。
　このように、身近な環境と関わる音楽活動は、子どもの成長・発達に密接な関係を持っています。子どもの健やかな成長を願い、保育者が子ども一人ひとりの発達の特性に応じた指導や援助を心がけなければならないことはいうまでもありません。
　ところで、大人は、子どもの前にどのような姿で立っているでしょうか。大人の生き生きとした表現は、子どもにすぐ伝わります。子どもは、良くも悪くも大人の影響を受けやすいので、まず、大人が「表現する喜び」を子どもに伝えてほしいと思います。
　保育者を目指す皆さんに、「幼稚園教育要領」、「保育所保育指針」、「幼保連携型認定こども園教育・保育要領」の領域「表現」を通して、子どもの姿、保育者の指導や指導方法など、幼児教育の音楽的な表現からアプローチしたいと思います。

（高御堂）

Ⅱ.「幼稚園教育要領」、「保育所保育指針」、「幼保連携型認定こども園教育・保育要領」の変遷から領域(表現)を探る

1 三法令の流れ

　平成29年3月31日「幼稚園教育要領」、「保育所保育指針」、「幼保連携型認定こども園教育・保育要領」が同時に改訂・告示されました。これは、幼稚園、保育所、幼保連携型認定こども園の①「満3歳以上の子どもの幼児教育の共通化」、②子ども・子育て支援法における幼児教育の「質」の方向性、③小学校から見たときの「幼児教育で育つ力の明確化」の枠組みに発展させる改革です。また、幼稚園教育を学校教育のはじまりとして明確にしました。そこで3法同時改訂に至る近年の流れを図（p.11）から探ります。

　日本の教育の基本を確立するため、昭和22年には「教育基本法」と「学校教育法」が制定され、同年、子どもの福祉を願って「児童福祉法」が制定されました。幼稚園は、「学校教育法」において学校の一種として、保育所は、「児童福祉法」において児童福祉施設の1つとして位置づけられました。

　平成18年には「教育基本法」が60年ぶりに改正され、「幼児期の教育」の条文が入り、幼児教育の生涯にわたる重要性が明記されました。同年、「認定こども園法」が制定され、平成19年には「学校教育法」が改正され、幼稚園が小学校以降の学校教育の始まりとして位置づけられ、義務教育に準じる教育であることが明らかとなりました。

教育基本法　第2章　教育の実施に関する基本　第11条（幼児期の教育）

　幼児期の教育は、生涯にわたる人格形成の基礎を培う重要なものであることにかんがみ、国および地方公共団体は、幼児の健やかな成長に資する良好な環境の整備その他適当な方法によって、その進行に勤めなければならない。

（改正：平成18年12月22日法律　第120号）より

学校教育法　第1章　総則　第1条（学校の範囲）

　この法律で、学校とは、幼稚園、小学校、中学校、高等学校、中等教育学校、特別支援学校、大学及び高等専門学校とする。

（昭和22年3月31日法律　第26号／一部改正　平成19年6月27日　法律第96号より）

学校教育法　第3章　幼稚園　第22条（目的）

　幼稚園は、義務教育及びその後の教育の基礎を培うものとして、幼児を保育し、幼児の健やかな成長のために適当な環境を与えて、その心身の発達を助長することを目的とする。

（昭和22年3月31日法律　第26号／一部改正　平成19年6月27日法律　第96号）より

児童福祉法　第39条

　保育所は、日々保護者の委託を受けて、保育に欠けるその乳児又は幼児を保育することを目的とする施設とする。

（一部改正：平成19年6月19日法律　第73号）より

平成20年には「幼稚園教育要領」、「保育所保育指針（初めて告示）」が同時に改訂・告示されました。平成24年には「子ども子育て支援関連三法」が成立し、平成26年には「幼保連携型認定こども園教育・保育要領」が告示となりました。

　平成27年には「子ども・子育て支援新制度」が本格的にスタートしました。この制度は、我が国の幼児教育・保育制度の大きな転換期となった制度です。その上、幼児期の教育・保育の「量」の拡充、「質」の向上を推進するため生まれた制度です。

　①「量」の面から見ると、大都市の待機児童の解消、子どもの年齢や親の就労状況に応じた受け入れ先の確保、少子化が進む地域の統合施設への転換、子どもが集団で学び育つ場の確保等が重要になっています。

　②「質」の向上のためには、全ての子どもに質の高い幼児教育を実施、職員の処遇などの改善、研修の充実、キャリアアップの取組み、幼児教育の指導法の改善などが必要です。新制度の中で重要な役割を担っているのが「幼保連携型認定こども園」です。

> **認定こども園法　第1章　総則　第2条7　（定義）**
>
> 　この法律において「幼保連携型認定こども園」とは、義務教育及びその後の教育の基礎を培うものとしての満3歳以上の子どもに対する教育並びに保育を必要とする子どもに対する保育を一体的に行い、これらの子どもの健やかな成長が図られるよう適当な環境を与えて、その心身の発達を助長するとともに、保護者に対する子育ての支援を行うことを目的として、この法律の定めるところにより設置される施設をいう。
> 　　　　　　　　　　　　　　（平成18年6月15日法律　第77号　／　改正　平成28年5月20日法律　第47号）より

> **認定こども園法　第3章　幼保連携型認定こども園　第9条5　（教育及び保育の目標）**
>
> 　幼保連携型認定こども園においては、第2条第7項に規定する目的を実現するため、子どもに対する学校としての教育及び児童福祉施設（児童福祉法第7条第1項に規定する児童福祉施設をいう。次条第2項において同じ。）としての保育並びにその実施する保護者に対する子育て支援事業の相互の有機的な連携を図りつつ、次に掲げる目標を達成するよう当該教育及び当該保育を行うものとする。
> 1～4、6は省略
> 5　音楽、身体による表現、造形等に親しむことを通じて、豊かな感性と表現力の芽生えを養うこと。
> 　　　　　　　　　　　　　　（平成18年6月15日法律　第77号　／　改正　平成28年5月20日法律　第47号）より

　平成29年には「幼保連携型認定こども園教育・保育要領」の第1次改訂・告示となりました。さて、「幼稚園教育要領」、「保育所保育指針」、「幼保連携型認定こども園教育・保育要領」は、幼稚園、保育所、幼保連携型認定こども園が社会から期待されている役割をしっかり受け止め、それを実践していくための内容や方法・技術を確かめるものです。

〈「幼稚園教育要領」、「保育所保育指針」、「幼保連携型認定こども園教育・保育要領」の流れ〉

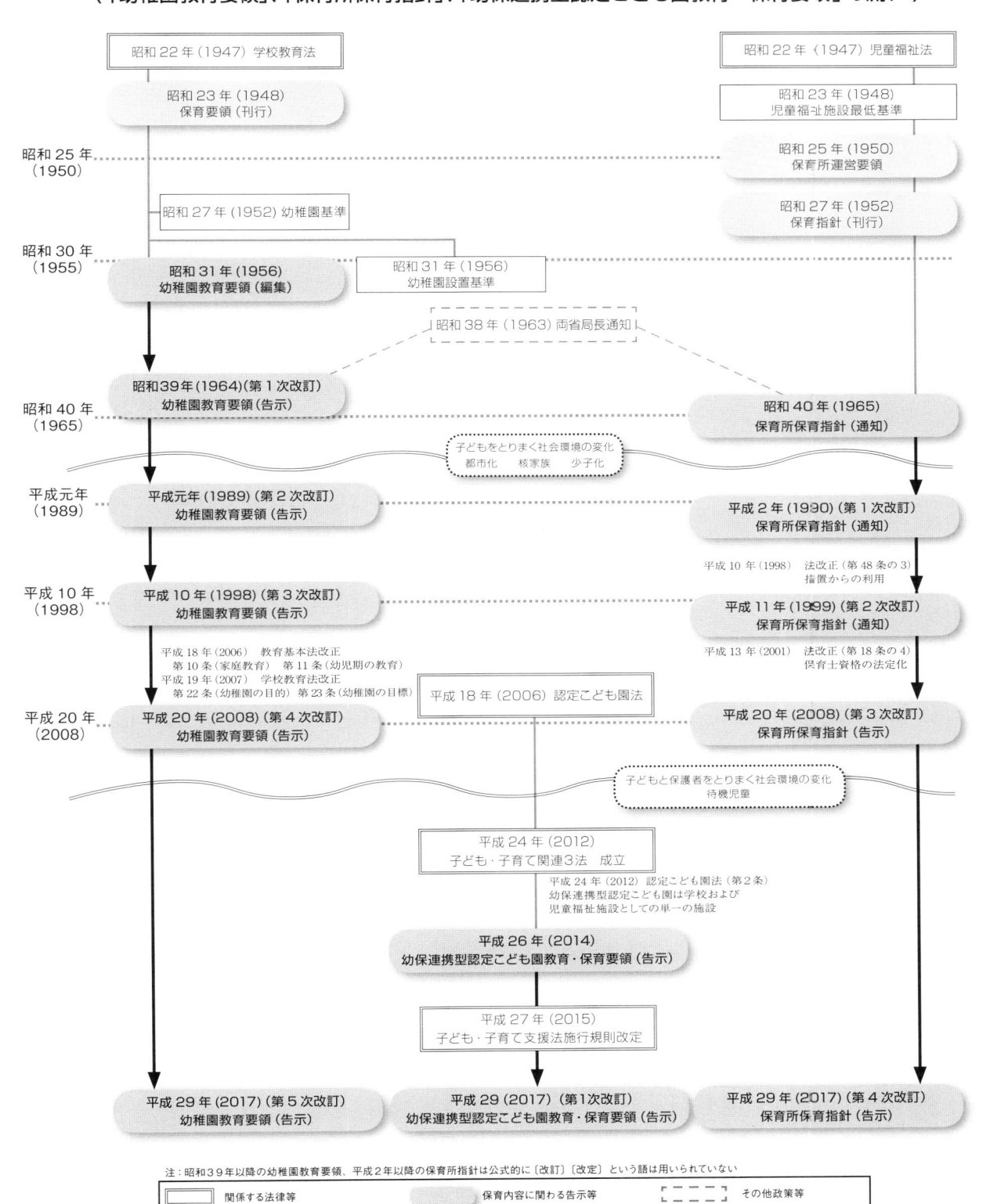

	昭和22年（1947）学校教育法	昭和22年（1947）児童福祉法
	昭和23年（1948）保育要領（刊行）	昭和23年（1948）児童福祉施設最低基準
昭和25年（1950）		昭和25年（1950）保育所運営要領
	昭和27年（1952）幼稚園基準	昭和27年（1952）保育指針（刊行）
昭和30年（1955）	昭和31年（1956）幼稚園教育要領（編集） / 昭和31年（1956）幼稚園設置基準	
	昭和38年（1963）両省局長通知	
昭和40年（1965）	昭和39年（1964）（第1次改訂）幼稚園教育要領（告示）	昭和40年（1965）保育所保育指針（通知）

子どもをとりまく社会環境の変化
都市化　核家族　少子化

平成元年（1989）	平成元年（1989）（第2次改訂）幼稚園教育要領（告示）	平成2年（1990）（第1次改訂）保育所保育指針（通知）
		平成10年（1998）法改正（第48条の3）措置からの利用
平成10年（1998）	平成10年（1998）（第3次改訂）幼稚園教育要領（告示）	平成11年（1999）（第2次改訂）保育所保育指針（通知）
	平成18年（2006）教育基本法改正　第10条（家庭教育）第11条（幼児期の教育）平成19年（2007）学校教育法改正　第22条（幼稚園の目的）第23条（幼稚園の目標）	平成13年（2001）法改正（第18条の4）保育士資格の法定化
平成20年（2008）	平成20年（2008）（第4次改訂）幼稚園教育要領（告示） ／ 平成18年（2006）認定こども園法	平成20年（2008）（第3次改訂）保育所保育指針（告示）

子どもと保護者をとりまく社会環境の変化
待機児童

平成24年（2012）子ども・子育て関連3法　成立

平成24年（2012）認定こども園法（第2条）幼保連携型認定こども園は学校および児童福祉施設としての単一の施設

平成26年（2014）幼保連携型認定こども園教育・保育要領（告示）

平成27年（2015）子ども・子育て支援法施行規則改定

| 平成29年（2017）（第5次改訂）幼稚園教育要領（告示） | 平成29（2017）（第1次改訂）幼保連携型認定こども園教育・保育要領（告示） | 平成29年（2017）（第4次改訂）保育所保育指針（告示） |

注：昭和39年以降の幼稚園教育要領、平成2年以降の保育所保育指針は公式的に〔改訂〕〔改定〕という語は用いられていない

関係する法律等　　保育内容に関わる告示等　　その他政策等
内容的関連性のあるものを示す　　改訂・改定　　社会の動き

民秋言ほか編「幼稚園教育要領・保育所保育指針・幼保連携型認定こども園教育・保育要領の成立と変遷」萌文書林、2017年、pp.10－11より、図表1「教育要領」「保育指針」「教育・保育要領」の成立と変遷を参考に作成。

第1章　子どもと表現

2 幼稚園教育要領の変遷

1 昭和23年（1948）「保育要領」

　昭和23年、幼稚園だけでなく保育所や家庭における保育の手引き書として『保育要領―幼児教育の手引き―』が文部省より刊行されました。その保育内容は、「幼児の保育内容―楽しい幼児の経験―」として12項目示されており、音楽活動に関わるものとして、2の「リズム」と5の「音楽」があげられています。音楽の目的は、幼児に音楽の喜びを味わわせ、心から楽しく歌うようにすることとあります。リズムの目的は、幼児のひとりひとり、及び共同の音楽的な感情やリズム感を満足させ、子どもの考えていることを身体の運動に表わさせ、いきいきと生活を楽しませることにあると述べられています。

　2の「リズム」の内容は、「歌唱あそび」「リズム遊び」などの歌や動きによる表現活動をさしています。また、5「音楽」の内容では、その内容を「歌」「楽器」「よい音楽を聞くこと」と分類しています。

　「保育要領」における「音楽」や「リズム」は、戦前の「唱歌」・「遊戯」と違い、幼児の楽しい経験の1つと捉えられました。つまり、大人の考えで振付けた遊戯より、歌に合わせて遊びたいという幼児の「自然な気持ち」を大切にしていました。

2 昭和31年（1956）「幼稚園教育要領の成立」

　昭和31年に成立した「幼稚園教育要領」は、昭和23年の「保育要領」が改訂されたものです。「保育要領」が、保育の手引き書という試案的な性格を持っていた点に比べ、「幼稚園教育要領」は、幼稚園の教育課程の基準を示すものとして編集されました。そして、学校教育法にかかげる目的・目標にしたがって、教育内容を「望ましい経験」と示しました。

　「望ましい経験」を6つの領域に分類することによって、指導計画の作成を容易にし、さらに各領域に示す内容を総合的に経験させることとして、小学校以上における教科との違いを明確にしました。そして、保育内容を領域によって系統的に示すことにより、小学校との一貫性についての配慮がなされました。ここで、はじめて「領域」という用語が使われました。

　6領域は、「健康・社会・自然・言語・音楽リズム・絵画製作」と示され、音楽的な活動分野が「音楽リズム」という領域で示されました。

　領域「音楽リズム」の「望ましい経験」をみると、①歌を歌う、②歌曲を聞く、③楽器をひく、④動きのリズムで表現する、という4つの項目に分けられ、各項目に5〜13の具体例が示されていました。しかし、残念なことに、保育現場では、領域が小学校以降の教科のように受け止められ、領域別の指導や活動が一般化してしまいました。「音楽リズム」も「音楽科」の準備段階のように扱われ、技能や技術を教え込む指導が行われました。

3 昭和39年（1964）「幼稚園教育要領（第1次改訂）」

　昭和39年の幼稚園教育要領第1次改訂に際し、学校教育法施行規則第76条が改正され、従来の「幼稚園の教育課程は、幼稚園教育要領の基準による。」という規定から、「幼稚園の教育課程については、この章に定めるもののほか、教育課程の基準として文部大臣が別に公示する幼稚園教育要領によるもの

とする。」という規定に改められました。

これにより、昭和39年以降の幼稚園教育要領は、小学校・中学校・高等学校における学習指導要領と同様に、「文部省告示」として公示することとされ、教育課程の基準としての性格が明確化されました。

また、この第1次改訂では、教育内容を精選し、幼稚園修了までに達成することが「望ましいねらい」として明示されました。6領域にとらわれない総合的な経験や活動によって「ねらい」が達成されるものであることを示し、幼稚園教育の基本的な考え方や教育課程の編成の方針が明確化されました。

「音楽リズム」の領域では、「①のびのびとうたったり、楽器をひいたりして表現の喜びを味わう。②のびのびと動きのリズムを楽しみ、表現の喜びを味わう。③音楽に親しみ、聞くことに興味をもつ。④感じたこと、考えたことなどを音や動きに表現しようとする。」という4項目が示され、「表現の喜びを味わう」ことを「ねらい」としています。さらに、「ねらい」に対して「はっきりした音程」「カスタネット・タンブリン」「曲の速度や強弱」など、専門的な指導が示されていました。「望ましい指導」が、一斉に同じレベルの技術や感覚に到達させることが目的の活動であるとされたため、できあがりのみを評価し、より技術的な指導にはしってしまう傾向がよく見受けられるようになりました。

当時の保育現場では、「領域」を小学校の教科と混同し、本来、総合的に指導されるべきものが、「領域」ごとの活動を選択し指導するといった活動中心主義が広まりました。

4 平成元年（1989）「幼稚園教育要領（第2次改訂）」

平成元年3月、25年ぶりに幼稚園教育要領が大きく改訂されました。この改訂において、幼稚園教育は、「環境を通して行う教育」・「幼児期にふさわしい生活が展開されるようにすること」・「遊びを通しての総合的な指導が行われるようにすること」・「一人一人の特性に応じ発達の課題に即した指導が行われるようにすること」と幼稚園教育の基本が強調されました。また、「ねらい」や「内容」を幼児の発達の側面からまとめて5領域「健康・人間関係・環境・言葉・表現」が編成され、幼稚園生活の全体を通して「ねらい」が総合的に達成されるよう「ねらい」と「内容」の関係が明確化されました。

これまでの6領域から「音楽リズム」・「絵画製作」が削除され、「表現」に変更されたことは、幼児主体の楽しい音楽表現を実践していくことが求められるようになったからです。これは、保育における音楽教育のあり方を見直す大変重要な契機になりました。

5 平成10年（1998）「幼稚園教育要領（第3次改訂）」

平成10年、平成元年の大改訂より10年ぶりに、第3次幼稚園教育要領の改訂が告示されました。この改訂は、「幼児の豊かな人間性や自ら学び自ら考える力など生きる力の基礎を育成すること」を基本的な「ねらい」として行われました。

また、従来の各領域の「留意事項」について、その内容の重要性をふまえて、その名称を「内容の取扱い」に改めました。領域「表現」では、「幼児自身の表現しようとする意欲を受け止めて、幼児が生活の中で幼児らしい様々な表現を楽しむことができるようにすること。」を「内容の取扱い」に新たに明示しました。

6 平成 20 年（2008）「幼稚園教育要領（第 4 次改訂）」

　平成 20 年 3 月、第 4 次幼稚園教育要領が改訂・告示されました。平成 18 年、60 年ぶりに教育基本法が改正され、「幼児期の教育」が新しく条文に入り、幼児教育が生涯にわたる人格形成の基礎を培うものとしてその重要性が明記されました。平成 19 年には学校教育法改正で幼稚園が小学校以降の学校教育のはじまりとして位置づけられ、小学校教育以降の教育の基盤であることが明確化されました。そして、学校教育法第 22 条、第 23 条の改正で「幼稚園教育」の目的・目標が明記されたことでも、幼児教育の重要性が法的に認められました。法律だけではなく、社会全体で幼児教育の重要性に対する認識が広まりました。
　今回の改訂では、幼稚園教育の基本は変わりません。従来、総則に置かれていた「幼稚園教育の目標」の規定は、学校教育法に記載されたことにともない、幼稚園教育要領から削除されることになりました。
　領域「表現」では、「ねらい」と「内容」に示された内容は変わっていません。ただし、「内容の取扱い」の（3）に「他の幼児の表現に触れられるよう配置」と「表現する過程」という言葉が追加されました。これは、他の子どもの様々な表現にふれられる工夫や子ども自身が表したいという気持ちを大切にして、保育者は子どもが表現していく活動の過程を広げ、支援していく工夫が求められています。

学校教育法　第 3 章　幼稚園　第 23 条（目標）
幼稚園における教育は、前条に規定する目的を実現するため、次に掲げる目標を達成するように行われるものとする。
1　健康、安全で幸福な生活のために必要な基本的な習慣を養い、身体諸機能の調和的発達を図ること。
2　集団生活を通じて、喜んでこれに参加する態度を養うとともに家族や身近な人への信頼感を深め、自主、自律及び協同の精神並びに規範意識の芽生えを養うこと。
3　身近な社会生活、生命及び自然に対する興味を養い、それらに対する正しい理解と態度及び思考力の芽生えを養うこと。
4　日常の会話や、絵本、童話等に親しむことを通じて、言葉の使い方を正しく導くとともに、相手の話を理解しようとする態度を養うこと。
5　音楽、身体による表現、造形等に親しむことを通じて、豊かな感性と表現力の芽生えを養うこと。
（昭和 22 年 3 月 31 日法律　第 26 号　／　一部改正　平成 19 年 6 月 27 日法律　第 96 号）より

7 平成 29 年（2017）「幼稚園教育要領（第 5 次改訂）」

　平成 29 年 3 月 31 日、第 5 次幼稚園教育要領は、保育所保育指針、幼保連携型認定こども園教育・保育要領と揃って改訂・告示されました。
　今や、社会が多様化した時代を迎え、就学前の幼児の状況は、幼稚園と保育所に在籍する幼児の割合がほぼ同じになっています。そこに認定こども園在籍の子どもの割合が少しずつ増えてきています。幼児期の教育は幼稚園、保育所、認定こども園で学ぶ時代となりました。
　幼児期の教育は、生涯にわたる人格形成の基礎を培う重要なものであり、幼稚園教育は学校教育法に規定する目的・目標を達成するために幼児期の特性を踏まえ環境を通して行うことを基本としています。
　世界に目を向けると、この 25 年ほどの間に幼児教育の実践研究が進められ、幼児期の質の高い教育を受けることが小学校以降の教育や成長を高める上で効果があると示されています。
　今回の幼稚園教育要領の改訂は、幼児教育としての共通性を確保したものです。幼児期の特に 3 歳から 5 歳児修了までの幼稚園、保育所、認定こども園において、その共通する内実を 3 法令でともに規定し、どの施設に通っても共通の教育を受けることが可能になりました。また、3 施設全ての満 3 歳以上の子どもに、同一の保育内容 5 領域の教育が行われることになりました。

3 幼稚園教育において育みたい資質・能力及び「幼児期の終わりまでに育って欲しい姿」

1 幼児教育において育みたい資質・能力

　新しい幼稚園教育要領では、「高等学校を卒業するまでに子どもたちが身に付けておくべきは何か。」という観点や「義務教育を終える段階で身に付けておくべき力は何か。」という観点を見据えて、小学校段階以降の「学習指導要領」改訂と共通した考えの下、育むべき資質・能力を三つの柱に整理されています。

　小学校以上の学習指導要領は、育成すべき資質・能力の三つの柱として、①何を理解しているか、何ができるか（生きて働く「知識・技能」の習得）、②理解していること・できることをどう使うか(未知の状況に対応できる「思考力・判断力・表現力等」の育成）、③どのように社会・世界と関わり、よりよい人生を送るか（学びを人生や社会に生かそうとする「学びに向かう力・人間性等」の涵養）の３本です。

　幼児教育では、幼児期の特性から、この時期に育みたい資質・能力は、小学校以降のような、教科指導で育むのではなく、幼児の自発的な活動である遊びや生活の中で、感性を働かせてよさや美しさを感じ取ったり、不思議さに気付いたり、できるようになったことなどを使いながら、試したり、いろいろな方法を工夫したりすることなどを通じて育むことが重要です。

　このため、幼児教育の資質・能力の三つの柱は、小学校以降の三つの柱を基礎として幼児期の特質を踏まえ、より具体化に整理したものが下記の（１）〜（３）にまとめたものです。

　これは、「幼稚園教育要領」の「第１章第２」に示されている「幼稚園教育において育みたい資質・能力及び「幼児期の終わりまでに育って欲しい姿」」としてあります。（図 p.16 参照）

（１）「知識及び技能の基礎」とは、あそびや生活の中で、豊かな体験を通じて、何を感じたり、何に気付いたり、何が分かったり、何ができるようになるかです。

> 例）音が出るおもちゃや楽器などを、打ち方や打つものによって音の違いを発見します。これで楽しく演奏できるようになれば「できるようになる」という技能です。

（２）「思考力、判断力、表現力等の基礎」とは、遊びや生活の中で、気付いたこと、できるようになったことなども使いながら、どう考えたり、試したり、工夫したり、表現したりするかです。

> 例）楽器など音が出るものには、高い・低い・強い・弱い・美しいなどがあります。どうすればいい音が出るかを考え、表現してみる活動が表現・思考力です。

（３）「学びに向かう力、人間性等」とは、心情、意欲、態度が育つ中で、いかによりよい生活を営むかです。心情、意欲、態度は保育内容５領域で、従来から言われていることです。
　「心情」とは、感情、心の持ち方です。「意欲」とは、様々な事柄へ興味を持つことです。「態度」とは、自分が興味を持った事柄に粘り強く取組み、最後までやり遂げ、難しいことに挑戦することです。

> 例）運動したり楽器を演奏したりして、思うようにできずやめてしまうのではなく、先生や仲間に助けられながらできるようにがんばる、こうしたことが就学後の「学びに向かう力」になります。

(3)の力は「非認知的能力」や「社会情動的スキル」と言われます。「認知的能力」は、知識や思考力といった知的な育ちを指します。それに対して、「非認知的能力」は、感情を指します。自分のいらだちや思う通りにならないことがあっても感情を落ち着かせ、気持ちを立て直し自己制御できる力のことです。この能力は、2歳から5歳の幼児期に顕著な発達（幼児期における語彙数、多数の運動経験、学力、運動能力）が知られています。そして、幼児期の重要性への認識が高まっています。また、幼稚園などの幼児教育が担う役割は、極めて大きいものです。

　さて、幼児教育において育みたい資質・能力は、幼稚園教育要領等の5領域の枠組みにおいても育んでいくことが可能であると考えられることから、幼稚園教育要領等の5領域は引き続き維持することとしています。なお、幼児教育の特質から、幼児教育において育みたい資質・能力は、個別に取り出して身に付けさせるものではなく、遊びを通しての総合的な指導を行う中で、「知識・技能の基礎」、「思考力・判断力・表現力等の基礎」、「学びに向かう力・人間性等」を一体的に育んでいくことが重要であると考えられます。

　また、5領域の内容等を踏まえ、5歳児修了時までに育ってほしい具体的な姿を平成22年に取りまとめられた「幼児期の教育と小学校教育の円滑な接続の在り方について（報告）」を手掛かりに、資質・能力の三つの柱を踏まえつつ、明らかにしたものが以下の「幼児期の終わりまでに育ってほしい姿」です。

〈　幼児教育において育みたい資質・能力の整理　〉

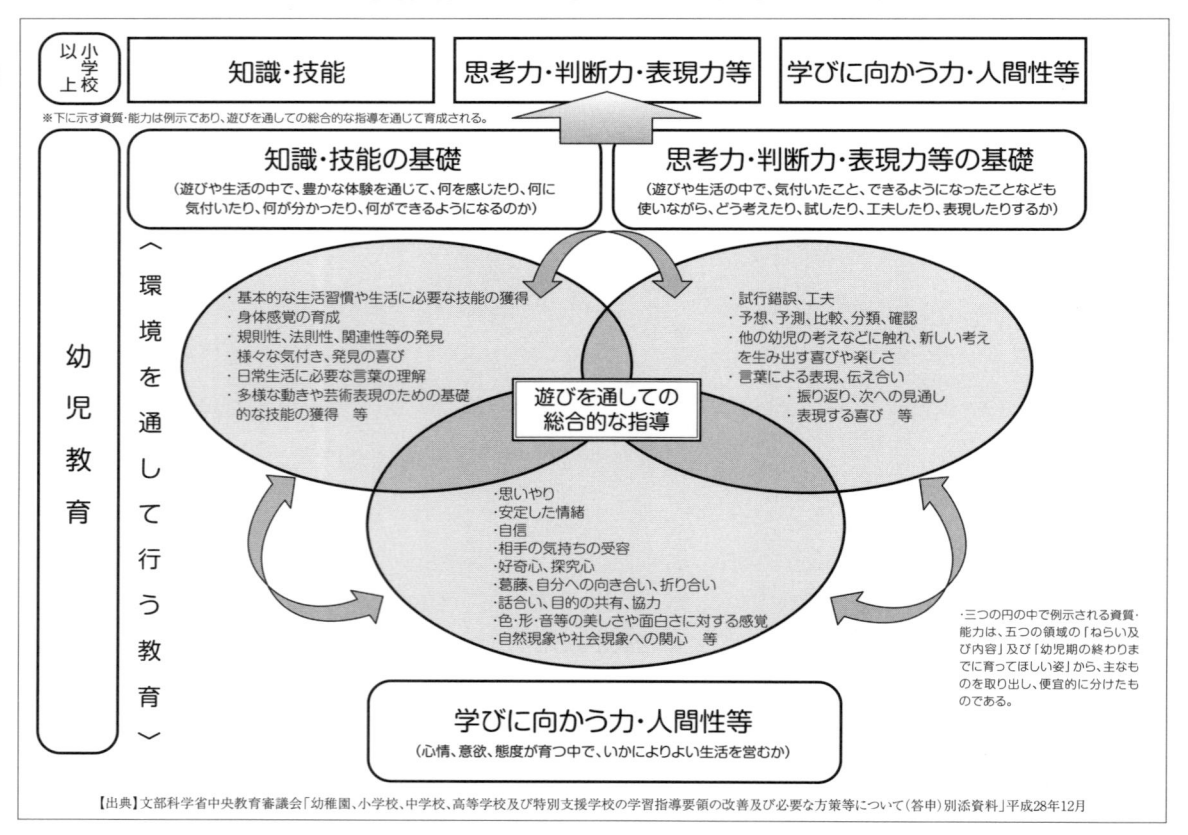

【出典】文部科学省中央教育審議会「幼稚園、小学校、中学校、高等学校及び特別支援学校の学習指導要領の改善及び必要な方策等について（答申）別添資料」平成28年12月

2 「幼児期の終わりまでに育ってほしい姿」(図 p.18 参照)

(1) 健康な心と体

　幼稚園生活の中で充実感や満足感を持って自分のやりたいことに向かって心と体を十分に働かせながら取り組み、見通しを持って自ら健康で安全な生活を作り出していけるようになる。

(2) 自立心

　身近な環境に主体的に関わりいろいろな活動や遊びを生み出す中で、自分の力で行うために思い巡らしなどして、自分でしなければならないことを自覚して行い、諦めずにやり遂げることで満足感や達成感を味わいながら、自信を持って行動するようになる。

(3) 協同性

　友達との関わりを通して、互いの思いや考えなどを共有し、それらの実現に向けて、工夫したり、協力したりする充実感を味わいながらやり遂げるようになる。

(4) 道徳性・規範意識の芽生え

　してよいことや悪いことが分かり、相手の立場に立って行動するようになり、自分の気持ちを調整し、友達と折り合いを付けながら、決まりを守る必要性が分かり、決まりを作ったり守ったりするようになる。

(5) 社会生活との関わり

　家族を大切にしようとする気持ちを持ちつつ、いろいろな人と関わりながら、自分が役に立つ喜びを感じ、地域に一層の親しみを持つようになる。遊びや生活に必要な情報を取り入れ、情報を伝え合ったり、活用したり、情報に基づき判断しようとしたりして、情報を取捨選択などして役立てながら活動するようになるとともに、公共の施設を大切に利用したりなどして、社会とのつながりの意識等が芽生えるようになる。

(6) 思考力の芽生え

　身近な事象に積極的に関わり、物の性質や仕組み等を感じ取ったり気付いたりする中で、思い巡らし予想したり、工夫したりなど多様な関わりを楽しむようになるとともに、友達などの様々な考えに触れる中で、自ら判断しようとしたり考え直したりなどして、新しい考えを生み出す喜びを味わいながら、自分の考えをよりよいものにするようになる。

(7) 自然との関わり・生命尊重

　自然に触れて感動する体験を通して、自然の変化などを感じ取り、身近な事象への関心が高まりつつ、好奇心や探究心を持って思い巡らし言葉などで表しながら、自然への愛情や畏敬の念を持つようになる。身近な動植物を命あるものとして心を動かし、親しみを持って接し、いたわり大切にする気持ちを持つようになる。

(8) 数量・図形、文字等への関心・感覚

　遊びや生活の中で、数量などに親しむ体験を重ねたり、標識や文字の役割に気付いたりして、必要感からこれらを活用することを通して、数量・図形、文字等への関心・感覚が一層高まるようになる。

(9) 言葉による伝え合い

　言葉を通して先生や友達と心を通わせ、絵本や物語などに親しみながら、豊かな言葉や表現を身に付けるとともに、思い巡らしたことなどを言葉で表現することを通して、言葉による表現を楽しむようになる。

（１０）豊かな感性と表現
> みずみずしい感性を基に、生活の中で心動かす出来事に触れ、感じたことや思い巡らしたことを自分で表現したり、友達同士で表現する過程を楽しんだりして、表現する喜びを味わい、意欲が高まるようになる。

　この「幼児期の終わりまでに育ってほしい姿」は、5領域の内容等を踏まえ、特に5歳児の後半にねらいを達成するために、保育者が指導し幼児が身に付けていくことが望まれるものを抽出し、具体的な姿として整理したものであり、それぞれの項目が個別に取り出されて指導されるものではありません。もとより、幼児教育は環境を通して行うものであり、とりわけ幼児の自発的な活動としての遊びを通して、これらの姿が育っていくことに留意する必要があります。また、「幼児期の終わりまでに育ってほしい姿」は、5歳児だけでなく、3歳児、4歳児においてもこれを念頭に置きながら5領域にわたって指導されることが望まれます。その際、3歳児、4歳児それぞれの時期にふさわしい指導の積み重ねが、この「幼児期の終わりまでに育ってほしい姿」につながっていくことに留意する必要があります。

〈　幼児期の終わりまでに育ってほしい幼児の具体的な姿　〉

健康な心と体	自立心	協同性	道徳性・規範意識の芽生え	社会生活との関わり
領域「健康」	領域「人間関係」	領域「人間関係」	領域「人間関係」	領域「人間関係」
思考力の芽生え	自然との関わり・生命尊重	数量・図形、文字等への関心・感覚	言葉による伝え合い	豊かな感性と表現
領域「環境」	領域「環境」	領域「環境」	領域「言葉」	領域「表現」

幼児期の終わりまでに育ってほしい幼児の具体的な姿（※）

健康な心と体	自立心	協同性	道徳性の芽生え	規範意識の芽生え	いろいろな人とのかかわり
思考力の芽生え	自然とのかかわり	生命尊重・公共心等	数量・図形・文字等への関心・感覚	言葉による伝え合い	豊かな感性と表現

※「幼児期の教育と小学校教育の円滑な接続の在り方について（報告）」（平成22年11月11日）に基づく整理
【出典】文部科学省中央教育審議会「幼稚園、小学校、中学校、高等学校及び特別支援学校の学習指導要領の改善及び必要な方策等について（答申）補足資料」平成28年12月より一部改変

❹ 保育所保育指針の変遷

１ 児童福祉法と保育所

　昭和22年、「児童福祉法」が制定され、児童福祉施設として出発した保育所は、「児童福祉施設最低基準（昭和23年）」・「保育所運営要領（昭和25年）」・「保育指針（昭和27年）」などによって位置付けや保育内容の基礎づくりが行われました。

2 昭和40年（1965）「保育所保育指針」

昭和40年、「保育所保育指針」が作成されました。ここに見られる保育内容は、昭和33年の文部省初等中等教育局長と厚生省児童家庭局長の共同通達である「幼稚園と保育所の関係について」の中で、「保育所のもつ機能のうち教育に関するものは幼稚園教育要領に準ずることが望ましい。」とあります。これを受けて、領域区分とその名称は、「幼稚園教育要領」とほぼ同じように配慮され、6領域「健康・社会・言語・自然・音楽・造形」と示されました。

保育内容は「望ましいおもな活動」として保育や年齢ごとに捉え、4歳以上では、幼稚園教育要領の6領域におおむね合致するようになっています。

幼稚園教育要領では、「音楽リズム」となっている部分が、「保育所保育指針」では、「音楽」となっており、保育所における教育的な面は、幼稚園と同じ位置付けがなされました。

3 平成2年（1990）「保育所保育指針（第1次改訂）」

平成元年、20数年ぶりに改訂された幼稚園教育要領（第2次改訂）をもとに、平成2年に改訂された保育所保育指針（第1次改訂）は、保育内容を6領域から5領域に改訂しました。

4 平成11年（1999）「保育所保育指針（第2次改訂）」

保育所保育指針（第2次改訂）は、保育内容の「年齢区分」を「発達過程区分」とし、発達過程区分ごとに「発達の主な特徴」・「保育士の姿勢と関わりの視点」・「ねらい」・「内容」・「配慮事項」が示されています。また、3歳児以上の「内容」は、幼稚園教育要領と共通した5領域「健康・人間関係・環境・言葉・表現」で示されています。3歳児未満については、その発達の特徴から各領域の年齢区分が難しいため、5領域に配慮しながら基礎的な事項とともに一括して明示されています。

5 平成20年（2008）「保育所保育指針（第3次改訂）」

平成20年3月の改訂では、発達過程は旧保育所指針を継承し、就学前の子どもの発達過程を8つ（おおむね6か月未満・おおむね6か月から1歳3か月未満・おおむね1歳3か月から2歳未満・おおむね2歳・おおむね3歳・おおむね4歳・おおむね5歳・おおむね6歳）に区分して、その特徴をあげています。

また、保育所保育の特性は、「養護と教育が一体」となって、保育が進められるところにあります。「養護」とは、「子どもの生命の保持および情緒の安定をはかるために保育士等が行う援助や関わり」であり、「教育」とは、「子どもが健やかに成長し、その活動がより豊かに展開されるための発達の援助」なのです。

6 平成29年（2017）「保育所保育指針（第4次改訂）」

平成29年3月31日、第4次「保育所保育指針」が改訂・告示されました。新しい保育所保育指針は①乳児・1歳以上3歳未満児の保育に関する記載の充実、②保育所保育における幼児教育の積極的な位置づけがなされました。

保育所保育指針は、乳児（0歳）、1歳以上3歳未満の保育のねらいや内容の記述は、保育の質の向上のための要点が充実して書かれています。乳児期からの丁寧な対応、応答の姿勢、温かい受容などについて書かれた「保育所保育指針」の果たす役割は大きいものです。

第4次「保育所保育指針」で、はじめて保育所も我が国の「幼児教育施設」の1つとして認められ、幼稚園、幼保連携型認定こども園と同じように「幼児教育」を行うことになりました。3歳以上児の保育に関するねらい及び内容は、幼稚園教育要領と中身は可能な限り一致させています。この度の保育所保育指針では、各領域に「ねらい」、「内容」、「内容の取扱い」がすべて記載されました。

　第2章「保育の内容」より、「ねらい」は、第1章の1の（2）に示された保育の目標を具体化したものであり、子どもが保育所において、安定した生活を送り、充実した活動ができるように、<u>保育を通じて育みたい資質・能力を、子どもの生活する姿から捉えたものである</u>。また、「内容」は、「ねらい」を達成するために、子どもの生活やその状況に応じて保育士等が適切に行う事項と、<u>保育士等が援助して子どもが環境に関わって経験する事項を示したものである</u>、とあります。

♪5 幼保連携型認定こども園教育・保育要領の変遷

1 平成29年3月31日、「幼保連携型認定こども園教育・保育要領（第1次改訂）」

　平成29年3月31日、「幼保連携型認定こども園教育・保育要領」が改訂・告示されました。「幼保連携型認定こども園教育・保育要領」は、「幼稚園教育要領」および「保育所保育指針」との整合性を図り、小学校における教育との円滑な接続に配慮して改訂されています。

　満3歳以上の幼児期のあらゆる施設での教育について「幼児教育」と定め、その教育・保育内容は、幼稚園教育要領と同じになります。「幼稚園教育要領」、「保育所保育指針」、「幼保連携型認定こども園教育・保育要領」の各領域に、「ねらい」、「内容」、「内容の取扱い」を記載し、共通性をもつものとなりました。

　この改訂により、3施設に通う満3歳以上の幼児は共通の教育を受けられることになり、3施設は同じ視点に立つことになりました。

　「幼保連携型認定こども園教育・保育要領」は、学校と児童福祉施設の両方の位置づけを持つ幼保連携型認定こども園として、「幼稚園教育要領」および「保育所保育指針」との整合性の確保に基づき改訂されました。

「幼稚園教育要領」および「保育所保育指針」との整合性の確保

1　幼稚園教育要領との整合性
① 幼保連携型認定こども園の教育及び保育において育みたい資質・能力を明確にしたこと。
② 5歳児修了時までに育ってほしい姿を明確にしたこと。
③ 近年の子どもの育ちをめぐる環境の変化等を踏まえ、満3歳以上の園児の教育及び保育の内容の改善及び充実をさせたこと。
④ 園児の理解に基づいた評価の実施、特別な配慮を必要とする園児への指導の充実をさせたこと。

2　保育所保育指針との整合性
① 乳児期及び満1歳以上満3歳未満の園児の保育に関する視点及び領域、ねらい及び内容並びに内容の取扱いを新たに記載したこと。
② 近年の課題に応じた健康及び安全に関する内容の充実をさせたこと。

3　幼保連携型認定こども園として特に配慮すべき事項
① 幼保連携型認定こども園の教育と保育が一体的に行われていることを、「幼保連携型認定こども園教育・保育要領」の全体を通して明確に記載したこと。
② 教育及び保育の内容並びに子育ての支援等に関する全体的な計画に関して明確に記載したこと。
③ 子育ての支援に関する内容の充実をさせたこと。

（高御堂）

Ⅲ. 領域「表現」と音楽表現

① 保育者と幼稚園教育要領

　幼児期の生活には、様々な場面で音楽との出会いがあります。幼稚園生活にも同じように音楽活動を欠くことはできません。子どもの音楽活動に、保育者はどのように関わればいいのでしょうか。

　それに基づく教育は、「幼稚園教育要領」です。幼稚園は、就学前の教育の施設であり、人間形成の基礎を培う極めて重要な役割を担っています。幼稚園は、幼稚園教育要領に基づいて教育を行うことになります。幼児教育において育みたい資質・能力の実現に向けては、幼稚園は幼児の姿や地域の実情等を踏まえつつ、どのような教育課程を編成し、実施・評価し改善していくのかというカリキュラム・マネジメントを確立することが求められています。

　幼稚園教育要領では、教育課程や指導計画を充実させることの大切さを「カリュキュラム・マネジメント」という言葉で示しています。カリキュラム・マネジメントは、全職員で参加することが大切です。

② 「幼稚園教育要領」の「ねらい及び内容」について

　今回の幼稚園教育要領の改訂では、「幼児期の終わりまでに育って欲しい姿」が示されました。これは、遊びや生活の中で、5領域に示されたねらい及び内容を総合的に指導することを通して育まれている5歳児終了時の幼児の姿が具体的に示されたものです。※（第1章　第2の幼稚園教育において育みたい資質・能力及び「幼児期の終わりまでに育って欲しい姿」より）

　次に「幼稚園教育要領　第2章　ねらい及び内容」の原文を示します。

　ねらいは、<u>幼児教育において育みたい資質・能力を幼児の生活する姿から捉えたもので</u>、内容は、ねらいを達成するために指導する事項です。

> **第2章　ねらい及び内容**
>
> 　この章に示すねらいは、**幼児教育において育みたい資質・能力を幼児の生活する姿から捉えたものであり**、内容は、ねらいを達成するために指導する事項である。**各領域は**、これらを幼児の発達の側面から、心身の健康に関する領域「健康」、人との関わりに関する領域「人間関係」、身近な環境との関わりに関する領域「環境」、言葉の獲得に関する領域「言葉」及び感性と表現に関する領域「表現」としてまとめ、示したものである。**内容の取扱いは、幼児の発達を踏まえた指導を行うに当たって留意すべき事項である。**
>
> 　各領域に示すねらいは、幼稚園における生活の全体を通じ、幼児が様々な体験を積み重ねる中で相互に関連をもちながら次第に達成に向かうものであること、内容は、幼児が環境に関わって展開する具体的な活動を通して総合的に指導されるものであることに留意しなければならない。また、**幼児教育において育みたい資質・能力が、ねらい及び内容に基づく活動全体を通して資質・能力が育まれている幼児の幼稚園修了時の具体的な姿であることを踏まえ、指導を行う際に考慮するものとする。**（後略）・・・
>
> ※（下線部分が改訂された箇所です）

3 領域「表現」の「ねらい」・「内容」

「ねらい」は、幼稚園教育において育みたい資質・能力を幼児の生活する姿から捉えたもので、「内容」は、「ねらい」を達成するために保育者が指導する事項です。

> **領域「表現」**
>
> 〔感じたことや考えたことを自分なりに表現することを通して、豊かな感性や表現する力を養い、創造性を豊かにする。〕
> 1 ねらい
>   (1) いろいろなものの美しさなどに対する豊かな感性をもつ。
>   (2) 感じたことや考えたことを自分なりに表現して楽しむ。
>   (3) 生活の中でイメージを豊かにし、様々な表現を楽しむ。
> 2 内容
>   (1) 生活の中で様々な音、形、色、手触り、動きなどに気付いたり、感じたりするなどして楽しむ。
>   (2) 生活の中で美しいものや心を動かす出来事に触れ、イメージを豊かにする。
>   (3) 様々な出来事の中で、感動したことを伝え合う楽しさを味わう。
>   (4) 感じたこと、考えたことなどを音や動きなどで表現したり、自由にかいたり、つくったりなどする。
>   (5) いろいろな素材に親しみ、工夫して遊ぶ。
>   (6) 音楽に親しみ、歌を歌ったり、簡単なリズム楽器を使ったりなどする楽しさを味わう。
>   (7) かいたり、つくったりすることを楽しみ、遊びに使ったり、飾ったりなどする。
>   (8) 自分のイメージを動きや言
> 3 内容の取扱い
>   上記の取扱いに当たっては、次の事項に留意する必要がある。
>   (1) 豊かな感性は、身近な環境と十分に関わる中で美しいもの、優れたもの、心を動かす出来事などに出会い、そこから得た感動を他の幼児や教師と共有し、様々に表現することなどを通して養われるようにすること。その際、風の音や雨の音、身近にある草や花の形や色など自然の中にある音、形、色などに気付くようにすること。
>   (2) 幼児の自己表現は素朴な形で行われることが多いので、教師はそのような表現を受容し、幼児自身の表現しようとする意欲を受け止めて、幼児が生活の中で幼児らしい様々な表現を楽しむことができるようにすること。
>   (3) 生活経験や発達に応じ、自ら様々な表現を楽しみ、表現する意欲を十分に発揮させることができるように、遊具や用具などを整えたり、様々な素材や表現の仕方に親しんだり、他の幼児の表現に触れられるよう配慮したりし、表現する過程を大切にして自己表現を楽しめるように工夫すること。

「内容」の中から音楽に関する（1）、（4）、（6）の項目について考えてみましょう。

（1）生活の中で様々な音、色、形、手触り、動きなどに気付いたり、感じたりするなどして楽しむ。

　子どもを取り巻く環境には、様々な音が存在します。そして、自然の音、乗物の音、動物の声など、様々な音であふれています。例えば、時計があります。それは、「カチコチ」、「キーンコーンカーン」など小さな音から大きな音まで違った音を出しています。これらの音に興味、関心を持ち、頭の中で豊かなイメージをふくらませて歌えば、「音楽」が始まります。同様に、乗物の動きや動物の動きなどに興味、関心を持つことによって、「表現活動」が始まります。また、子どもの五感で自然環境の美しさ〈色、形、手触り〉を感じ取り、音楽的な表現へつないでいったり、身の周りの生活環境の影響を受け、音楽的な表現の幅を広げたりすることが求められています。

　保育者は、子どもが事象に気づくよう環境づくりをしなければなりません。そして、子どもが様々な出来事に楽しんでいるとき、子どもの感性は育まれているのです。

(4) 感じたこと、考えたことなどを音や動きなどで表現したり、自由にかいたり、つくったりなどする。

　子どもは、自分の感じたことや思ったことを表現します。そして、嬉しいことや楽しいことに出会うと、思いを表現してその心地よさを味わいます。また、到達度や習熟度をはかるものではなく、自分なりの方法で表現して楽しみます。さらに、声や楽器など音の出るもの、身体全体で気持ちを表現します。例えば、石を打ち合わせたり、缶でリズムを打ったり、音の出るものを使って自由に楽しみ、様々な方法で表現しようとします。これは自由あそびの1つと言えるでしょう。

　保育者は、子どもの素朴な表現を受け止め、子どもの喜びに共感することが大切です。そして、子どもが表現する喜びを十分に感じ取るよう援助してください。

(6) 音楽に親しみ、歌を歌ったり、簡単なリズム楽器を使ったりなどする楽しさを味わう。

　子どもは、楽しいと思うことにすぐ反応します。特に音楽に関わる活動では、遊びながら歌を口ずさんだり、即興的に唱えたり、全身を使って踊ったりします。そして、音の出る物やリズム楽器には興味、関心を持ち、実際に楽器を打ったり鳴らしたりしながら、様々な音を味わいリズムを楽しみます。また、子どもが音楽や音で十分に遊び、その心地よさを味わうことによって、音を表現する楽しさを知ります。このようにして、生活の中で音楽に親しむことができるようになります。

　保育者は、正しい音程や楽器の演奏技術を教えることから始めるのではなく、子どもが表現する楽しさを味わえるように導くことが大切です。そして、子どもの音楽活動を受けとめ認めること。また、様々な音楽が聴ける場、楽器が自由に使える場を設けて、音楽に親しめる環境づくりを心がけてほしいものです。さらに、保育者と子どもが一緒に音楽を聴いたり演奏したりという音楽的な活動を実践することによって、音楽を楽しむことのできる豊かな生活へとつながるでしょう。

4　「内容の取扱い」の「身の回りや自然の音、形、色に気付く」「素材や表現の仕方に親しんだり」

内容の取扱い（1）
（1）豊かな感性は、身近な環境と十分に関わる中で美しいもの、優れたもの、心を動かす出来事などに、そこから得た感動を他の幼児や教師と共有し、様々に表現することなどを通して養われるようにすること。**その際、風の音や雨の音、身近にある草や花の形や色など自然の中にある音、形、色などに気付くようにすること。**※（下線部分が新しく追加されました）

　感性は、身近な環境の中で美しいもの、優れたもの、心動かす出来事にあって、その感動を表現して育ちます。普段、あまり気にも留めていなかった身の周りにある様々な音、形、色、自然の中にある風や雨の音、草花の色や形などに保育者が丁寧に関わることを通して子どもの感性を豊かにし、表現行為の源となるものです。例えば、雨の音をとっても「ザーザー」、「しとしと」、「ポツーンポツーン」、「ポツポツ」など、様々な雨の表現があります。声にだせば音楽あそびになり、強弱、長短、高低に動きや音を付ければ、そこには楽しい音楽表現が生まれます。街の生活音や日常生活の音以外に耳を傾ければ、すてきな音が聴こえてきます。これらの感性は、保育者が気付き耳を傾けるところから子どもへ伝わっていきます。様々な音、形、色を幼児が感じ取れるようにしましょう。

内容の取扱い（3）

（3）生活経験や発達に応じ、自ら様々な表現を楽しみ、表現する意欲を十分に発揮させることができるように、遊具や用具などを整えたり、**様々な素材や表現の仕方に親しんだり**、他の幼児の表現に触れられるよう配慮したりし、表現する過程を大切にして自己表現を楽しめるように工夫すること。※（下線部分が新しく追加されました）

　造形活動などは、様々な素材に触れ、その感触に親しみ、楽しみ、刺激を受けて、新たな表現を促します。また、新しい表現方法を導入すれば、それにより幼児にとっての表現の可能性が広がります。例えば、普段使っている色鉛筆、クレヨンなどに絵の具を導入すると特有の感触や筆が持つ柔らかさに触れ、優しく丁寧に使うということを学び、美しいやわらかな色彩やタッチを生み出すことができるでしょう。

（高御堂）

Ⅳ. 子どもの音楽的表現活動　－5つの活動を通して－

　保育の現場における子どもの表現活動は、実際に自発的活動をする中で子ども自身の感性が自然に引き出され、子ども自身の内側にある様々な表情や感情に、音楽的な要素が加わることによってより楽しい表現となっていきます。そして、この音楽的な表現は、子どもの成長・発達を考える上で、重要な活動となっています。

　幼児期には、成長とともに大変活発な表現活動が行われます。子どもにとっての表現活動では、内なる感情が無意識の中で外に現れることを「表出」といいますが、この「表出」と意識をともなう「表現」への移り変わりの中で、子どもの心身の成長発達にともなって全ての子どもが通っていく活動といえるでしょう。また、子どもにとって「表現」でもなく、「表出」でもない様々な感情表現をする時期もありますが、これは「表出表現」といって子ども独特の中間的な表現方法で、幼児期にはよく見受けられるものです。これらの表現活動では、無意識のうちに真似をしてうたってみたり、動作を真似てみたり、時には子ども自ら創作してみたりとたくさんの要素が入り混じることがありますが、これらも子どもの気持ちを表す表現活動のひとつといえることから、大人の「表現」のようには捉えずに、子ども独自の新鮮な感性や創造性を認識しながら、さらに表現力を伸ばしてあげることが大切です。また、心身の成長発達している時期に、子どもの情操や感性を豊かにするために、音楽的な側面を取り入れながら援助・指導していくことによって、相乗効果として個性豊かな音楽的表現力も生まれてくることはいうまでもありません。

　その音楽的な表現活動は、歌をうたったり、楽器をひいたり、身体をうごかしたり、好きな音楽をきいたり、自分が好きなようにつくったりしながら、音楽の喜びを子ども一人ひとりに感じてもらうことが大きな目的となっていますが、それらを指導する保育者自身が豊かな感性・価値観・知識を身に付け、子どもと一緒に楽しみ、ともに共感する心を持ちながら子どもの情操・感性にはたらきかけられるようにすることが重要です。そして、この音楽的な表現活動を5つの活動に分けていますが、これらもそれぞれの年齢による身体的成長・心理的発達を十分に考慮しながら考えていかなければなりません。

1 ♪ うたう活動

　音楽による表現活動として、まず、「歌」による表現活動を考えてみましょう。

　子どもはいつも、体調も良く、心がリラックスした状態で、おなかも満たし、そして、自由な時などに自分の好きなうたを勝手にうたっています。これは、生理学的にも心と身体のバランスが良く、快適であるということがよく分かります。また、歌詞の内容が理解できなくてもリズミカルにうたっているということは、子ども自身は言語的にも真似をすることができ、リズムも心地よい響きであるということがうかがえます。したがって、のびのびとうたう活動によって心の開放感と快適さが楽しく感じられることは、音楽的成長も著しく伸びる結果となり、子どもの表現活動には「歌」が大切であることが分かります。

　保育者は、自分自身が表情豊かにうたえるように努め、また、子どもに自分の知識を押し付けて指導することなく、教材の選択方法も子どもの現状に合わせ適切に選択し、歌の内容や発声なども子どもの個人差に留意しつつ年齢に合わせた指導をいつも心がけなければなりません。

うたう活動の発達

時　期	発　達　の　内　容
新生児	・泣き声は、一般的に一点イ音ぐらいと言われている。 ・呼吸運動とともに発せられるのでリズミカルな声で泣く。
生後2-3ヶ月	・「アーアー」や「ウーウー」という「喃語」がはじまり、授乳後などの気分のいい時は、意味のともなわないことばや歌へと発展していく。
生後6-7ヶ月	・ことばの模倣期に入り、ことばの抑揚や声のリズムを子どもなりに喜んで真似て、その意味が漠然とわかるようになる。
生後10ヶ月頃	・意味を持つ「初語」が発せられる。
1歳児	・「一語文」から「二語文」のことばが特徴で、何回もくり返して声を出す（これらの活動もうたったとみなす）ことが多くなる。 ・気に入ったリズミカルなかけ声の部分だけを真似て喜ぶことがある。
2歳児	・自我の芽生える時期でもあり「反抗期」といわれる時期。 ・ことばも多く理解できるようになり、「多語文」や「従属文」も多く見られる。 ・歌も音程は不安定だが、自分の好きな歌詞の部分だけをうたい、メロディーの抑揚も少しずつ付き、楽しんでうたうことが多い。
3歳児	・成長とともに落ち着いてきているが、感情的には自己中心的でひとりあそびが多い。 ・自分の気持ちをことばで表すことができるようになるので、ひとりで即興的にうたうこともできるようになる。 ・好きなようにメロディーでうたうようになる。
4歳児	・仲間意識が強く芽生える時期でもあり、自分たちで簡単なルールや役割などを決めて遊ぶことができる。 ・歌の内容や歌詞の理解、リズム・音程の正確さやその歌の情景を思い浮かべながらうたうことができるので、集団で声をそろえて一緒に楽しく遊ぶことができる。
5歳児	・子どもどうしが同じ目的を持ち、その目的に向かって行動を取る。 ・話し合いにより解決できるようになり、子ども間のコミュニケーションが増加して表現力も豊かになる。 ・歌詞を替えてうたったり、「合いの手」といわれるリズムが入った歌を楽しんだり、ひとりまたはみんなで歌を発表し合ったり、友だちの表現活動に興味を持つことができる。

♪ 2 きく活動

　この活動は音楽的な表現活動の原点ともいえるでしょう。音をきく力（聴力）が重要であるということは、やがて子どものお遊戯やオペレッタ・合奏・合唱など様々な音楽表現を行う場合に必要とされてくることでもわかります。子どもはリズミカルな音楽をきくと自然に身体が動いていることが多いものです。これは子ども自身が直感的に音楽をきこうとしたり、自分の好きなように音楽を感じようとしたりする結果なので、きこえてくる音楽は子どもにとって楽しく、また、自由でワクワクするようなものでなければなりません。

　この幼児期には子どもの成長を考えながら、音楽的環境を整え、きくチャンスを多く取り入れていく必要があります。そして、音楽的教材としては、話しことばや自然に歌になっているようなわらべうたなどのように、日本語の抑揚や感情表現などを大切にした歌に親しませることも重要です。また、保育者として取り入れる時間は、それぞれの子どもの状況や能力に合わせながら考えなければなりませんが、常に子どもの感覚・感性を注意深く見ながら同じ音楽をくり返しきかせて指導をしていくことが大切です。何度かきいているとやがて、楽器の音色が理解できたり、音の強弱が感じられたり、音楽の情景が浮かんできたり、多くのものが感じられるようになって好きな音楽も生まれ、様々な音楽に興味を持つような人間に成長していくといえるでしょう。

きく活動の発達

時　期	発 達 の 内 容
胎児	・母親の胎内にいる時から、胎盤を通して母親の心拍音や声などがきこえている。 ・様々な機能の中で、聴覚感覚が最も早くから発達している。
新生児	・周囲の音や声にとても敏感になる。 ・警戒心を持ちながらも家族の声か他人の声かを判断したり、ことばの音色のきき分けをするようになる。 ・特に母親の声に似ている高音には安心感を持つ。
生後2-3ヶ月	・泣き声で自分の要求を表現し、あやす声などで笑うようになる。
生後4ヶ月頃	・首がすわり、音のする方向へ顔を向けていく。
生後5-6ヶ月	・おすわりができるようになり、母親のうたう声と動きが心地よく感じられる。 ・自分の好きな音楽で静かになる。
1歳児	・保護者や保育者の語りかけが大切な時期になる。 ・やさしく語りかけられたか、うたいかけられたかによって、やがて子どもの音楽経験にも関係してくるので、保育者はできるだけ「リズム唱」のともなった呼びかけができるように配慮する。
2歳児	・音楽をくり返しきいて喜ぶ。
3歳児以降	・音楽に親しみ、自分の好きな曲を選んできくことができる。

　きく活動においての注意点は、美しく、楽しい音楽を選択すること。年齢に合った情景のある音楽を選ぶこと。簡単に身体表現ができるリズムやフレーズ感のある音楽を選ぶこと。様々な楽器の音色に親しませること。これらのことを常に配慮しながら年齢に見合った経験をさせなければなりません。

♪ 3 ひく活動

　子どもにとって「ひく」ということは、大人のように楽器を演奏することを目的とするのではなく、音の出るものに気付いたり、楽器の音色を楽しんだり、リズミカルに楽器をひいたり打ったりすることで、

技術的な評価のための活動ではありません。むしろ、子ども自身が楽器をひきたくなるような環境設定や楽器にふれたら楽しくなるような話をするというプロセスが重要になります。現代の子どもを取り巻く音楽は、自然に子どもの生活の中で多くのジャンルも入れて氾濫していますが、それらの中で、「ひく活動」においては、子どもの好きな音をいかに敏感に感じとる感覚を身に付けられるかを考えることが大切になります。したがって、保育者の感性ある指導力によって、子どもの音に対する興味や探究心もかき立てられるということになるのです。

ひく活動の発達

時　期	発 達 の 内 容
乳幼児	・身体的にも音の出るものはガラガラ・鈴・おもちゃの太鼓など、簡単に手に持つことができるようなもので、音をききながら楽しむことができる。
1-2歳児	・身体的、言語的にも保護者や保育者のまねができるようになるので、音楽に合わせてのリズム打ちや個性的な自由打ちもできるようになる。そのため、楽器でもないものを楽器代わりに打ち、創造性豊かに音の発見をしていく。
3歳児	・自己中心的な特徴が強く出てきて、自分の好きな楽器ばかりを持ちたくなり、自分の好きな楽器の色までも要求するようになる。 ・あそびの中であっても、保育者は毅然とした語りかけで、楽器の交代や順番などについて子どもに指導することが大切になる。
4歳児	・肉体的に飛び跳ねることが得意になるので、リズミカルに打ったり、音を止めたりと、全体的に合奏する楽しさが感じられるようになる。 ・楽器の正しい持ち方や打ち方を知ることにより、楽器が本来持っている美しい音色などを認識することができるようになる。 ・楽器の音色の理解とともに、身体表現力、言語表現力も豊かになり、さらに音楽に対して積極的な態度も増大し音楽的活動が活発になっていく。
5歳児	・歩く・走る・跳ぶなどの身体運動が確実にできるので、友だちと協力して様々なリズムを、作り上げいくことを喜ぶ。 ・運動能力がともなう手拍子・足拍子のリズム打ちも正確にできるようになるので、音楽的基本リズムを身に付けさせることが大切になる。 ・あそびの中で楽しく部分合奏したりフレーズ合奏をしたり、リズム楽器だけではなく旋律楽器も加えて、たくさんの音楽経験をさせてあげることが大切ですが、決して技術偏重にならないよう保育者は十分注意をしなければならない。

♩4 うごく活動

　音楽による表現と身体による表現は常に一体化され、子どもの楽しさを表現する方法として一番自然であると考えられています。それは、子どもが音楽をきいたとき、なんとなく歌を口ずさんでみたり、無意識のうちに身体の一部分が動いてみたりと、何度もこのような光景を見ることができるからです。この両者の表現はそれぞれが独立して表現されるのではなく、子どもにとって自然的に一体となりリズミカルに、また、感情的にも楽しくなり表現されているものです。このように、音楽と一体となった動作は、やがて歌や楽器などに影響を与え、強弱のあるリズム・曲想の変化・レガートやスタッカートの相違・ことばの抑揚など、音楽全体の動きにつながっていきます。
　音楽で子どもが大好きなことは、くり返されるリズミカルなことば・歌・音の刺激です。あそびの中で、この刺激に子どもは反応し、楽しさを増しながらあそびの探究心をより深めていき、知能の発育はもちろんのこと運動機能も発達していくのです。

うごく活動の発達

時　期	発　達　の　内　容
乳幼児	・誕生してすぐには脳の構造や神経相互の働きも未熟で、運動機能は発達していないので自分では動くことはできない。 ・この時期は人間の一生のうちで最も成長や発達が著しいので、反射運動や適度な刺激を与えることによって様々な機能の発育に効果がある。 ・保護者や保育者の愛情ある刺激が何回も同じパターンでくり返されることによって、神経細胞内の連絡路がさらに促進されていく。
1-2歳児	・徐々に四肢も強くなり、立って手や足を動かしていくので、リズムに合わせて身体全体で表すようになる。 ・リズム感覚を育てるためにも、歌・手拍子・足拍子・楽器などを使ってリズミカルな経験をくり返し行い、その体得によって楽しくリズムを感じられるようにすることが大切になる。
3歳児	・運動性も活発になり、また、自分のやりたい目的もハッキリするので、注意を促しながら動作を観察することが必要になる。 ・子どもどうしのコミュニケーションが活発になり、様々な経験の中で観察力、判断力、想像力が生まれてくるので、一緒になって遊んであげることが大切になる。（集団ゲームあそびなど） ・あそびの中で運動神経の発達・動きのリズムの感覚・身体のバランスやタイミングの体得などが効果的に吸収されていく。
4歳児以降	・全身を使っての基礎的な運動はほぼ可能になる。（スキップ・ギャロップも含む。） ・自分の内部にあるイメージをふくらませて自由に表現しようとするので、まずは表現できる環境をつくることが大切になる。（劇あそびなど） ・やがて創力の豊かな、また、個性のある人間へと成長していくことになるので、子どものためにも保育者の温かい励ましと理解力や創作意欲が出るような展開指導を心がける必要がある。

5 つくる活動

　子どもの表現は、様々な活動の中でいつも新しい発見をしたり、模倣したり、そして体験をしながら創造的な表現の喜びを感じています。また、子どもはその発見と喜びのために、興味と意欲がわくような表現をくり返していくので、保育者は子どもが自分なりに表現できるように温かく援助することが大切です。

　歌づくりの活動においては、自然に知っていることばに節を付けてみたり、替え歌にしたり、ことばも節も自分でつくったりと、年齢別に楽しみ方は違いますが心身の発達に応じながら指導することが大切です。ひく活動においても歌づくりと同じく、子ども自身で楽器を選択し、ひき方を工夫しながら新しい音色を発見したり、自由に打ったり、また、友だちと相談しながら即興的な節づくりへと発展させることができるようになります。そして、きく活動へも配慮しながら、この活動を子どものあそびの中に取り入れ指導すると、音に対して興味や関心をさらに深めていくことができるでしょう。

　うごく活動と結びつけると、このつくる活動は子どもの願望やあこがれのある、そのものになりきって真似をするという活動（劇あそびなど）になります。子どもは皆、自分が望む人間や動物に変身して、そのイメージを表現してみたいと思うことがよくありますが、年齢に見合った表現であれば外見的にも内面的にもその自己表現を十分理解してあげるようにしましょう。そして、音楽と身体とが一体となったのびのびとした動きは、楽しい音楽環境のもとで共感できるように気を付け、また、それらの自然と生じてくる表現活動がやがて楽器演奏・オペレッタ・歌などの表現にも十分に結び付いてくることから、子ども自身があそびの中で本当に心から開放された表現活動となるよう配慮しながら指導する必要があります。

（植田）

Ⅴ. 日本の幼児音楽教育の歴史と変遷

1 明治時代のはじめ

　明治時代の保育現場では、F. フレーベル（1782-1852）の幼児教育用品を用いた教育と、唱歌教育の2本立てで教育が行われていました。唱歌教育では、「保育唱歌」という名前で子どもたちにうたわせることを目的とし、時として振付けをともなってうたわれることもありました。しかし、「保育唱歌」の教材が無かったため、万葉集などから引用した詩や、保育者が作詩した歌詞に宮内省式部職の楽師が雅楽のような曲を付けたものが用いられました。また、落ち着きのある音楽こそ、高尚で教育の場にふさわしいものであると考えられていたため、わらべうたや民謡などを取り上げることは無かったようです。

2 明治時代の中頃から

　明治20（1887）年になって、文部省音楽取調掛から擬音語や擬声語などが取り入れられた「幼稚園唱歌集」が出版されました。歌詞の内容は易しいものとなりましたが、メロディは難しく子どもたちには馴染みにくい歌が多かったようです。

　全国各地に広まった幼稚園の中には、キリスト教系の幼稚園もたくさん開設されました。そこで、外国の幼稚園で使われているわかりやすいメロディに日本語の歌詞をつけたものが少しずつ普及していくことになりました。日本人に西洋音楽が持つ音階やリズムを浸透させる要因になったと考えられています。そして、明治32（1899）年には「幼稚園唱歌」が出版されました。

【この頃つくられた唱歌】
キンタロウ・夏は来ぬ・花・モモタロウ（1900）／うさぎとかめ・お正月・荒城の月・鳩ぽっぽ・はなさかじじい（1901）
一寸法師・美しき天然（1905）／牛若丸（1911）

【この頃つくられた文部省唱歌や祝祭日唱歌】
一月一日（1893）／春が来た（1903）／虫の声（1909）／ふじの山・村の鍛冶屋・われは海の子（1910）
浦島太郎・かたつむり・ツキ・鳩・牧場の朝・紅葉・桃太郎・雪（1911）／汽車・茶摘・村祭（1912）

【この頃つくられた外国曲に歌詞を付けた唱歌】
蛍の光（1881）／仰げば尊し・庭の千草（1844）／故郷の空（1888）／埴生の宿（1889）／旅愁（1906）
ローレライ（1909）

3 大正時代

　大正時代になると、「大正幼年唱歌（全12集）」や「新作幼稚園唱歌」が出版され、唱歌教材も数多くなりました。そして、この頃から童謡がうたわれるようになりました。しかし、童謡は、歌詞もメロディも叙情的なものが多かったため、子どもたちにふさわしくない教材として扱われました。また、幼児教育のカリキュラムの中で「遊戯（あそび）」が重視されたため、「律動遊戯（リズムあそび）」のための曲が作曲されました。

【 この頃つくられた童謡 】
　　とんび（1918）／ 雨・かなりや・金魚の昼寝・靴が鳴る・ニコニコピンピンの歌（1919）／ 赤い鳥小鳥・あわて床屋（1920）
　　叱られて・十五夜お月さん・夕焼小焼（1920）／ 赤い靴・どんぐりころころ・七つの子・めえめえ児山羊（1921）
　　青い眼の人形・黄金虫・てるてる坊主・揺籃のうた（1922）
　　おもちゃのマーチ・肩たたき・かやの木山の・しゃぼん玉・どこかで春が・春よ来い（1923）
　　あの町この町・ペチカ・待ちぼうけ（1924）／ アメフリ・雨降りお月さん・証城寺の狸囃子（1925）／ 兎のダンス（1926）

【 この頃つくられた唱歌 】
　　早春賦（1913）・浜辺の歌（1918）

【 この頃つくられた文部省唱歌 】
　　春の小川・冬の夜（1912）・海・鯉のぼり・冬景色（1913）・朧月夜・故郷（1914）

4 昭和時代

　昭和時代になると、「エホンショウカ四季の巻（全4巻）」が出版され、文部省の唱歌に加えて童謡も広くうたわれるようになりました。また、各家庭にラジオが普及し、子どもたちにとって難しいとされた曲でも、楽しく、子どもたちがうたいたいと思う歌が広まりました。さらに、音楽鑑賞や器楽合奏の分野が急速に普及し、うたうことを含めた総合的な音楽教育が行われるようになりました。

【 この頃つくられた童謡 】
　　赤蜻蛉・この道（1927）雀の学校・背くらべ・毬と殿さま（1929）／ うれしいひなまつり（1936）
　　かもめの水兵さん・早起き時計（1937）／ お猿のかごや（1938）
　　かわいい魚屋さん・からすの赤ちゃん・汽車ポッポ・ナイショ話（1939）／ あの子はたあれ・たきび（1941）／ 里の秋（1945）
　　みかんの花咲く丘（1946）／ とんがり帽子・森の小人（1947）
　　おつかいありさん・かわいいかくれんぼ・めだかの学校（1950）／ 小鹿のバンビ（1951）
　　ぞうさん・手をたたきましょう（1952）／ ことりの歌（1954）／ ちいさい秋みつけた（1955）／ サッちゃん（1959）
　　いぬのおまわりさん（1960）／ あひるのスリッパ・おかあさん・てのひらを太陽に（1961）
　　おはなしゆびさん・おもちゃのチャチャチャ（1962）／ ツッピンとびうお（1964）／ おなかがへるうた（1965）
　　1ねんせいになったら（1966）／ 夕日がせなかをおしてくる（1968）・南の島のハメハメハ大王（1976）・グッド・バイ（1986）
　　あめふりくまのこ（1996）

【 この頃つくられた唱歌 】
　　チューリップ（1932）／ たなばたさま（1941）／ 夏の思い出（1949）

【 この頃つくられた文部省唱歌 】
　　スキー・電車ごっこ（1932）／ オウマ（1941）／ 花火（1941）／ スキーの歌（1943）

5 現　代

　平成時代になると、幼稚園教育要領の大幅な改訂が行われ、「あそびを通しての指導を行う」という考え方になりました。それまでの幼稚園教育要領にあった「音楽リズム」と「絵画制作」が統合され「表現」となりました。歌をうたったり、踊ったり、楽器を演奏したりすることを通して、子どもが自ら感じたものを自分なりに表現するというところに目が向けられるようになりました。

（木許）

Ⅵ. 世界の音楽教育

　世界各国には、様々な音楽教育の方法があります。現在、多くの国々で展開されているものとして、E.J. ダルクローズ、Z. コダーイ、C. オルフによって創り出された音楽教育の手法を挙げることができます。ここでは、それら3つの音楽教育とともに、音楽教育に関連するシュタイナー教育についてもふれてみたいと思います。

1　E.J. ダルクローズ（Emile Jaques-Dalcroze 1865-1950）

　リトミックの創始者として有名な E.J. ダルクローズはウィーンで生まれました。幼少期から音楽や演劇に親しみ、これらの経験が、彼のリトミックという音楽教育を形成する上で1つの重要な要素となったと思われます。リトミックとは、「リズムが音楽の最も重要な要素であり、音楽におけるリズムの源泉は全て人間の体の自然なリズムに求めることができる。」という前提に基づいて、音楽と心と身体の動きの調和により、注意力と思考力を高め、想像力や表現力を引き出すことで人間的成長を促そうとするメソードです。リトミックという言葉は、もともとギリシャ語の「ユーリズミー」（よい流れ）という言葉に由来しています。全ての動きがこの「よい流れ」の中で行われるということなのでしょう。

　リトミックは、①リズム運動、②ソルフェージュ、③即興演奏、の3つの構成要素から成り立っています。もとより、これらの構成要素は、レッスンの中でそれぞれが単独で指導されるものではなく、指導者には、3つの要素をバランスよく指導することが求められます。例えば、指導者の演奏をきいて、幼児が教えられた方法でダンスをするのではなく、自ら感じ、考えて行動するという人間の本質的な行動様式に則ったものを、音楽教育のレベルで行うことが求められるのがリトミックです。そして、ダルクローズによって設立されたスイスのジュネーブに本部を構えるダルクローズ研究所を発信基地として、国際リトミック教育者協会の活動を通して、日本も含めた世界各国に普及しています。

2　Z. コダーイ（Kodály Zoltán 1882-1967）

　Z. コダーイはハンガリーに生まれました。作曲家、哲学者、言語学者などとして活躍した彼は、「コダーイ・システム」といわれる音楽教育の体系を作り出した音楽教育者でもありました。「人類は、ほんとうに音楽の価値を知る時、より幸せに生きることができるであろう。」という彼の言葉はあまりにも有名です。

　Z. コダーイは、当時のハンガリー国内の音楽教育のあり方に疑問を抱き、友人の B. バルトーク（Bartók Béla Viktor János 1881-1945）とともに自国の民謡やわらべうたを採取しました。そして、言葉（母国語）と音楽が絶妙なハーモニーを生み出すハンガリー文化の伝統音楽、つまり、民謡やわらべうたこそが、音楽教育の基礎となると確信し、その考えに基づいて体系化されたものが「コダーイ・システム」なのです。

Z. コダーイの音楽教育の理念の概要

① 子どもたちは母国語の音楽（民謡やわらべうた）から出発すること
② 歌うことを音楽的活動の中心におくこと
③ 音楽を中心に据えた教育のカリキュラムを構築すること
④ 最高の芸術的価値を持つ音楽のみが、教育の中で使用されること
⑤ 全ての人が音楽の読み書きができるようになること（ソルフェージュ教育の重視）
⑥ より効果的な教育のために幼い時期から始めること
　（のちに音楽教育は誕生前9ヶ月から始めるべきだと述べています。）

　これらの理念に基づいて、のちに「コダーイ・メソード」と呼ばれる具体的な音楽教育方法を開発しました。3～7歳の間で子どもの運命が決まってしまうと考えた彼は、子どもの音楽教育に大変関心を持つと同時に、子どもの教育に重要な役割を担う保育者には、いろいろな分野での高いレベルでの教養、趣味が必要であると説きました。まず、音域のあった母国語のわらべうた（民謡）を用い．うたうことを全ての出発点として、リズム感、音色や表現の認識力、そして鑑賞力を身に付けさせるとともに、うたって遊びつつ、うたうことから子どもの内的聴感を育て、本当の音楽体験ができるように導くための体系的なメソードを作り上げました。

　「子どもは自分に教えてくれる人のものは何でも学ぶ。」この言葉は教育に使命感を持っていた彼の最大の理念であり原点でしょう。

3 C. オルフ（Carl Orff 1895-1982）

　C. オルフはミュンヘンに生まれました。作曲家として教育家として積極的に活動しました。C. オルフは、シュールヴェルク（Schulwerk）といわれる教育用作品を創作していますが、今日、彼の音楽教育といわれているものは、G. ケートマン（Gnild Keethman）とともにまとめた「子どものための音楽 Orff-Schulwerk Musik für Kinder」に基づいたものを意味しているといえるでしょう。

　C. オルフの音楽教育理念は、Elementare Musik（基礎的な音楽）という言葉で言い表すことができます。彼は、音楽の原始形態においては、音楽だけが単独で奏でられていたものではなく、動きやリズムをともなっていたものだと考えました。しかし、戦後になって、ある依頼から子どもの音楽を書く機会を得た彼は、子どものための音楽教育には、歌声や言葉が重要であって、それを子どもの音楽教育の出発点とすべきことに気付き、「言葉・リズム・動き」の3つが一体となって表現されることを重要視しました。また、幼少期からの音楽教育の重要性を認識しはじめ、子どもの頃から音楽を演奏すること、音楽と動きを一緒に教育すること（この場合の教育とは、子どもの内なる能力を引き出すという意味に近い）が大切であると述べています。このような経緯から、先に書いた「子どものための音楽」ができあがっていったのです。しかし、この音楽教育には特定のメソードのようなものはなく、システムもありません。初歩の音楽指導に対しての理念、アイディア集といった方がいいでしょう。

　子どもにあたえるシュールヴェルクの楽器は、①音色の美しさ、②演奏の易しさ、③丈夫さ、の3つの条件を満たす必要があると考えられました。聴覚が未発達だから美しい音色がする楽器を、即興演奏の必要性から演奏が簡単な楽器を、そして、子どもが使うものだから丈夫な楽器を、ということなのでしょう。これらの条件を満たすものとして、楽器製作者の協力を得て自ら音板楽器を開発し、音楽教育の中で、リズム指導の一部として取り入れました。つまり、まず、言葉のリズムを使ったリズム指導があり、楽器を使ったリズム指導に移ります。続いて、2音でのメロディーに入り、音の数を5音に増やします。5音音階からは教会旋法へ、さらに長音階・短音階へと発展します。このような発展段階は、必ずしも必然的なものではなく、子どもの様子を見ながら反復したり、発展させたりするのです。つまり、子どもたちが自分で感じ、体験したことを、集団として身体で表現することで、模倣と反復を通して音楽的知識を経験していくことなのです。

4 R. シュタイナー（Rudolf Steiner 1861-1925）

　シュタイナー教育の創始者 R. シュタイナーは、現在のクロアチアに生まれました。彼の教育方法は、その独特の哲学思想に裏付けられた教育理念とあいまって、非常に独創的です。例えば、人間の成長過程を7年ごとに3段階（第1：0～7歳、第2：7～14歳、第3：14～21歳）に分ける方法や、シュタイナー学校における「エポック授業」と呼ばれる時間割の中に、その一端を見ることができます。

　日本の幼児教育の時期は、シュタイナー教育の第1：7年期に相当します。この時期は、模倣によってあらゆることを身に付けていく時期であるといわれます。言葉や態度などについても、全身が感覚器である子どもは、良いものも悪いものも、大人の真似をすることで学んでいくのです。そのため、本物にふれ、感じることが大切となります。

シュタイナー幼稚園ではゆったりと時間が流れ、眠りと目覚めのリズムを大切にします。ここでいう眠りと目覚めとは、肉体というよりも意識の問題です。そして、子どもが日常生活の中で吸収したことを自分のものにするために、眠りが必要とされるのです。そこで、眠りのリズムを日常生活の中で作る必要があります。シュタイナー幼稚園で日々行われるあそびの中にも、当然、目覚めと眠りのリズムがあります。

　また、シュタイナー教育は芸術とともにあるといっても過言ではありませんが、とりわけ音楽教育においては、音を感じ心で受け止め、それを身体の動きと表情でうたうことの大切さを教えます。そして、子どもが自然の音を表現できるように、ライヤーとよばれる楽器を使うなどの工夫がほどこされています。シュタイナーは、芸術は子どもの本性を育てる上で非常に大切であり、また音楽感覚を育成するという幸せに恵まれなかった子どもは、その後の人生に大きな損失を受けたことになると述べています。つまり、シュタイナー教育にとって幼児期の音楽教育とは、生活の中のリズム感情教育として取り入れられ、しっかりと大地に足をつけて生きていくための内面からの想像力をつける手段なのです。

　保育者という仕事は、あらゆる職業の中のどれよりもこれからの社会に大きな影響を及ぼす大切な仕事であり、そのような意識を持って子どもと向かい合ってほしいとシュタイナーは願っていました。

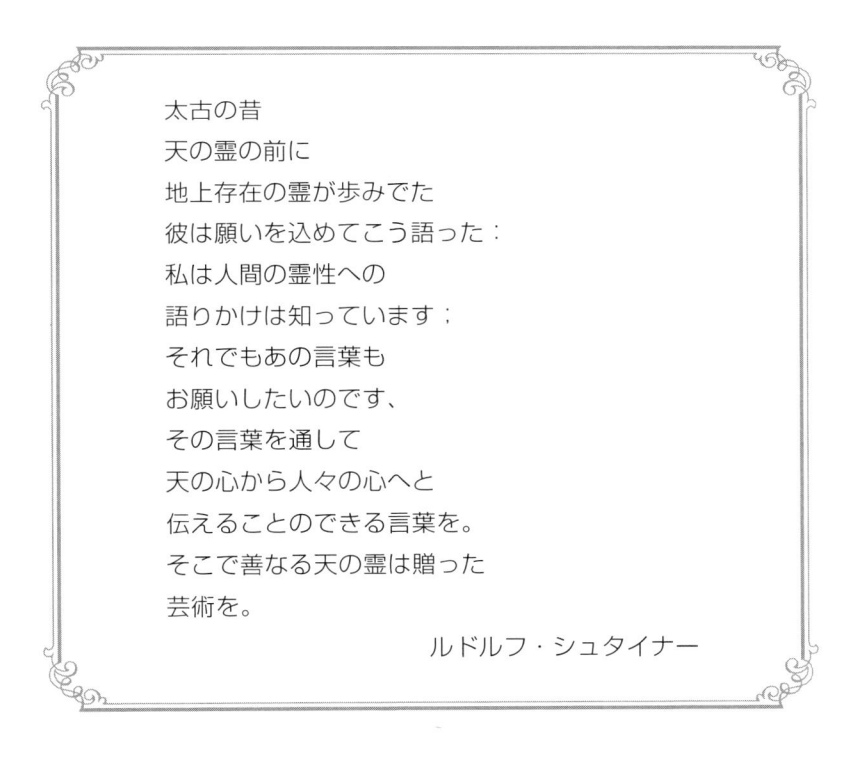

> 太古の昔
> 天の霊の前に
> 地上存在の霊が歩みでた
> 彼は願いを込めてこう語った：
> 私は人間の霊性への
> 語りかけは知っています：
> それでもあの言葉も
> お願いしたいのです、
> その言葉を通して
> 天の心から人々の心へと
> 伝えることのできる言葉を。
> そこで善なる天の霊は贈った
> 芸術を。
> 　　　　　　　ルドルフ・シュタイナー

　世界の音楽教育のうち、著名なものについて説明しましたが、いずれも、それを創り出した教育者が属する国の文化や時代背景に基づいて発展してきたものです。これらのいわば外国生まれの教育方法を日本において実践するには、日本の思想や文化をふまえた上で、日本流にアレンジする必要もあるように思われます。

（加藤）

第2章 動きと表現

Ⅰ. 動きの表現方法

　人間が社会生活をする上で、音楽と動きは密接に関係しています。例えば、人間の心臓の鼓動や呼吸などを中心とした肉体的リズムは、やがて運動リズムとなって表現されていきます。また、音楽においても、うたうときは呼吸によって音声が発せられ、テンポに合わせて音楽リズムが継続されるというように、音楽と動きが一体となって表現されていることが理解できるでしょう。子どもが自由にのびのびと遊んでいるとき、音楽がきこえてくると自然に自分の身体を動かし、心地よさそうにリズムをとっている姿を見かけます。子どものこれらの活動は、音楽と動きのリズムがそれぞれ独立して表現するよりも、一緒になって表現する方が相乗効果があり、楽しく快い感覚を持てるという証拠にもなっています。

　この音楽と動きの一体化は、子どもの生活とともにあるわけですから、幼児期からあそびの中に音楽と動きのリズムを体得し、表現力・創造力を身に付けてあげることが大切になります。

　子どもにはリズミカルで基礎的な動きとして、まず、「歩く」・「走る」・「跳ぶ」という３つの経験をさせておきたいものです。これらのリズミカルな活動は、３歳頃になると跳ぶこともでき、発達の早い子どもならばスキップまでできるようになります。しかし、いくら運動神経が発達していても決して無理せず、楽しむことを心がけながら指導することが大切です。スキップのリズムが難しいときは、ギャロップのリズム（音符図形はスキップと同じ）で跳んでみましょう。簡単にステップを踏むことができるでしょう。

1 動きの表現　（歩く・走る・跳ぶ、など）

❶ 歩くこと

　「歩くこと」は、年齢に合わせたテンポで１歩１歩、元気よく前進することですが、時には子どもの知っている歌をうたったり、手拍子を打ったりしながら行進することもリズム感覚を身につける意味で大切なことです。歩きながら様々なリズムを打ち、たくさんの組み合わせで楽しみましょう。

❷ 走ること

　「走ること」は、歩く速さで１拍内に倍の速さで足を動かすことですから、行進するときより足は高く上げられず駆け足状態になります。

　　　　　　　音符で表記すると、♩ ＝ ♫ のリズムとなります。

これらも決してテンポを速めてはいけませんが、うたいなれている歌があればそれに合わせながら手拍子で「走るリズム」を打ってみましょう。何度もくり返すことによって、テンポに遅れることなく徐々に体得することができ、リズム感も大いに養われていくことでしょう。

3 跳ぶこと

「跳ぶこと」は、身体的にやや難しい面もあります。子どもが楽しいときや嬉しいときに上へ跳び上がりスキップをするように、この「跳ぶリズム」（スキップのリズム）の目的は上へ跳ぶということです。したがって、このリズムは移動する動きではあるものの、決して急いで前進するのではなく、目的どおりに上へジャンプするようなイメージでリズムを感じることが大切です。長時間継続すると集中できなくなるので、クラスの状況と年齢を十分考慮する必要があるので注意しましょう。

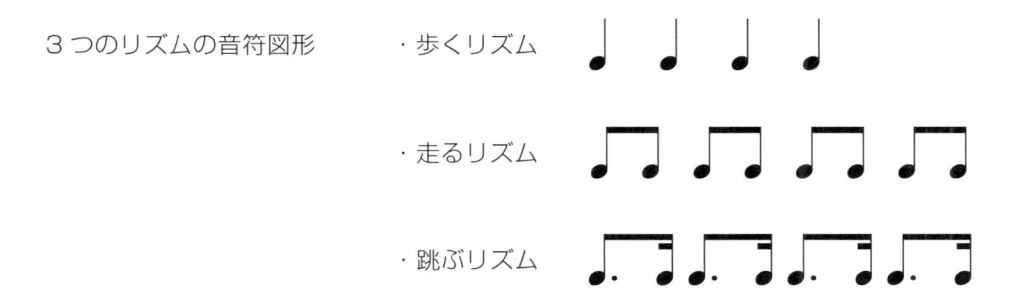

３つのリズムの音符図形　　・歩くリズム

・走るリズム

・跳ぶリズム

♪2 速度の表現（速い・ゆっくり・強弱、など）

音楽と動きが関係しているということは、速度、リズム、強弱の要素がお互いにあるということです。表現しようとするものの中には、自然にこれらの要素が入ってきて、動きのリズムを形成していくのです。

1 速度として

・普通の速さ（ ♩ ＝ 120 位）で、歌をうたいながら歩いて体感してみましょう。

２～３歳児は、♩＝ 80 ～ 100 位が適当です。また、遊んでいるときもこの速さで体験していきましょう。

・ゆっくりとしたテンポと速いテンポの違いを感じましょう。いつもうたっている歌を、1 回目はゆっくりとしたテンポでうたい、2 回目は、速いテンポでうたってみると、速度の違いを身体で感じることができます。身近な動物の歩き方をまねても楽しく速度の表現ができるでしょう。
・だんだんゆっくりと、または、だんだん速くするテンポも大切です。保育者の打つ太鼓やカスタネットなどのリズムに合わせながら歩いてみましょう。しっかりとテンポを感じながら身体を動かすよう、保育者は機会を見て言葉がけをする事が大切です。

2 強弱として

- 全体に強く、全体に弱く、または、ある一部分だけ強く、ある一部分だけ弱く、というように強弱をつけて子どもの知っている歌をうたってみましょう。象さんのような声でとか、ありさんのような小さな声でと説明すると、子どもは声を出しやすくなるので指導方法に注意が必要です。
- 一部だけを強くするアクセントについても、手拍子を打ったり、楽器を用いたりしてアクセントの感覚をくり返し体得させましょう。

3 表現法（大・小、など）

身体を使ってどうしたら大きく表現できるか、また、どうしたら小さく表現できるかを、クラスの中で話し合ってみましょう。何かになりきって大きく手を回す、また、小さく手を回してみんなで考えると楽しく表現ができるようになります。特に、クラスの中でコミュニケーションが必要なとき、保育者は常に子どもとともに工夫していくという姿勢を忘れずに指導することや、活動を考えている子どもの自主性を尊重することが大切です。

4 単数から複数・グループへ

「わらべうた」などは、幼児期には保育者と1対1の単数で楽しみますが、やがて年齢的な発達とともに身体的表現力も身につくと、1人の活動から仲間を求めるようになり、複数または、グループで好んで集団行動をとるようになります。2人1組みになり「せっせっせ」をうたいながら親しみを込めてゲームをしたり、何人も連ねて「いもむし」になって遊んだり、みんなで動作をつけて「わらべうた」をうたったりして表現活動を楽しむことができるようになります。このようなあそびの表現活動の中から協調性や社会性などが養われていくのです。

（植田）

Ⅱ. 実践における即興的な伴奏法と効果音

1 即興的な伴奏法

　保育者の悩みの1つとして、「ピアノの演奏」という声をよく耳にします。市販の楽譜どおりに演奏することも大切ですが、子どもたちとうたったり踊ったりするときに最も大切なことは、「子どもが作っている音楽の流れを止めない」というところにあると思います。ここでは、伴奏をごまかすのではなく、よりシンプルな伴奏法を学びましょう。

1 コードネーム

　コードネームは、ポピュラー音楽で和音を表す記号として用いられているものです。基本となる音(ルート)から3度ずつ音を積み重ねることによって和音ができあがり、その和音の種類をより簡潔に表すことができるようになりました。

例：

$$\text{Cm7}$$

基本となる音　　和音の種類　　七の和音

　和音の基本となる音は、次のようにアルファベットの大文字で表されます。

階　名	ド	レ	ミ	ファ	ソ	ラ	シ
基本となる音	C	D	E	F	G	A	B

2 短3度と長3度の違いと見分け方

　短3度には3つの半音が含まれ、長3度には4つの半音が含まれています。

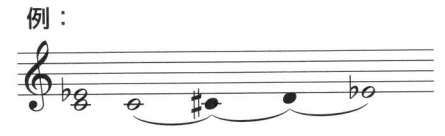

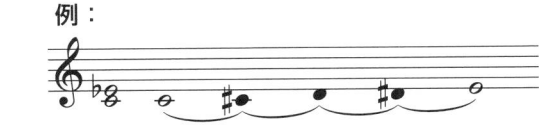

① 短3度
例：

② 長3度
例：

　短3度と長3度の違いを見分けられるようになれば、基本となる音から音を積み重ねることによって、コードの基本形を作ることができます。

第2章　動きと表現

3 4種類のコードとセブンス（7th）コード

① メジャー・コード

基本となる音から上に長3度・短3度と積み重ねます。また、基本となる音をアルファベットの大文字で表します。

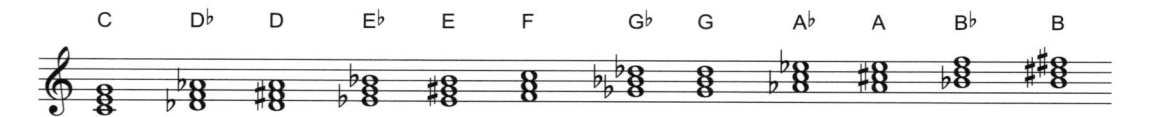

② マイナー・コード

基本となる音から上に短3度・長3度と積み重ねます。また、基本となる音をアルファベットの大文字で表し、小文字の「m」をつけて区別します。

③ ディミニッシュド・コード

基本となる音から上に短3度・短3度と積み重ねます。また、基本となる音をアルファベットの大文字で表し、小文字の「dim」をつけて区別します。

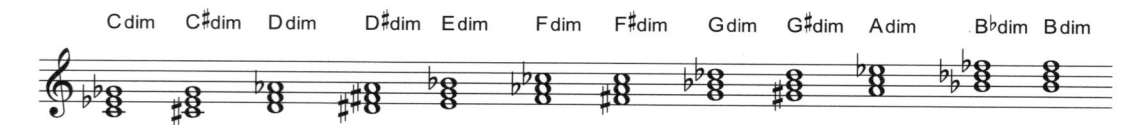

④ オーギュメント・コード

基本となる音から上に長3度・長3度と積み重ねます。また、基本となる音をアルファベットの大文字で表し、小文字の「aug」をつけて区別します。

⑤ セブンスコード

　メジャー・コードとマイナー・コードに付け加えられたコードです。基本となる音から短7度の音を付け加えることによって、より幅広い響きを得ることができます。

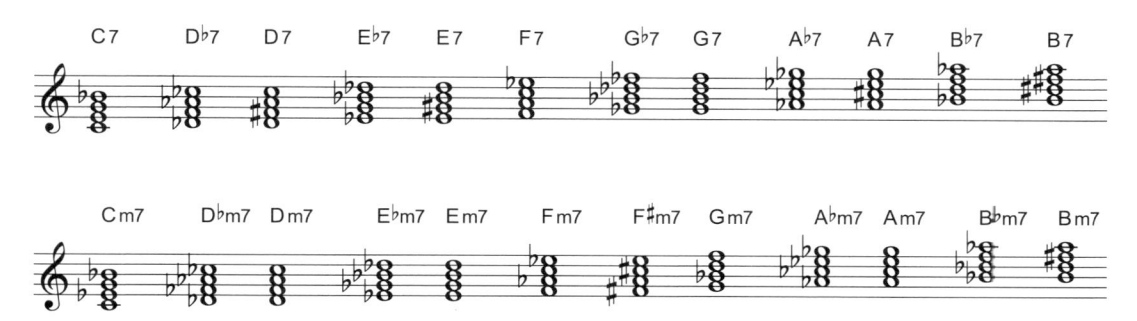

4 よく使われるコード

　童謡や子どもの歌を伴奏するときに使われるコードを覚えておくと、メロディーしかない楽譜にもすぐに対応できるようになります。

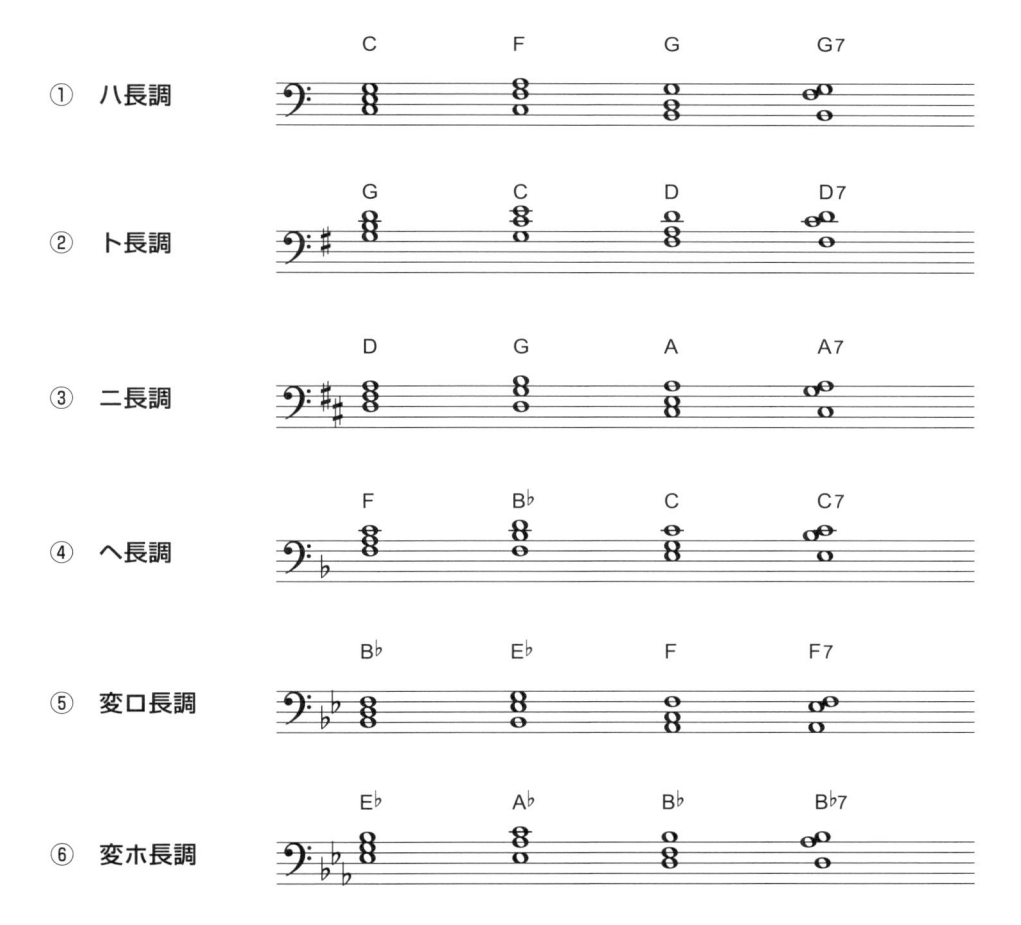

① ハ長調　　C　F　G　G7
② ト長調　　G　C　D　D7
③ ニ長調　　D　G　A　A7
④ ヘ長調　　F　B♭　C　C7
⑤ 変ロ長調　B♭　E♭　F　F7
⑥ 変ホ長調　E♭　A♭　B♭　B♭7

5 伴奏の応用

これまでのコードによる伴奏は基本となるものです。様々なパターンで練習しましょう。

① マーチ

② 分散和音

③ スキップ・ギャロップ

④ ワルツ

⑤ オリジナル伴奏を作りましょう。

6 伴奏のまとめ

「きらきらぼし（フランス民謡）」を使って、伴奏法を復習しましょう。

きらきらぼし練習曲

フランス民謡・木許　隆編曲

② 効果音

「子どもが作っている音楽の流れを止めない」ということが大切なことは、これまでの伴奏法でよく理解できたと思います。次は、子どもが作る音楽や子どもの表現を、より素晴らしいものにするために、保育者としてできることを考えなければなりません。ここでは、音楽や表現活動（劇音楽を含む）で使われる効果音の一例を学びましょう。

曲：木許　隆

① 朝になる（場面転換）

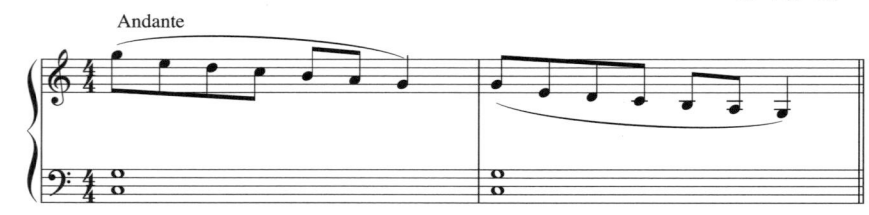

② 風がふく

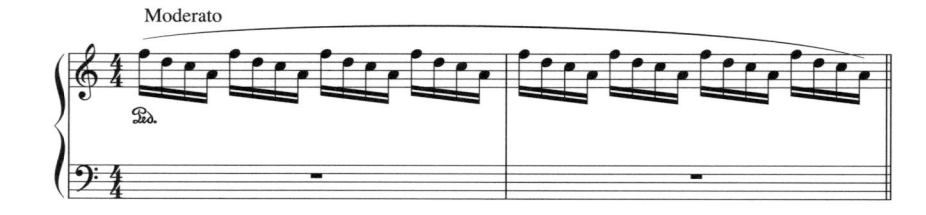

③ 雷がなる

④ 雪がふる

⑤ 出発する（飛び上がる）

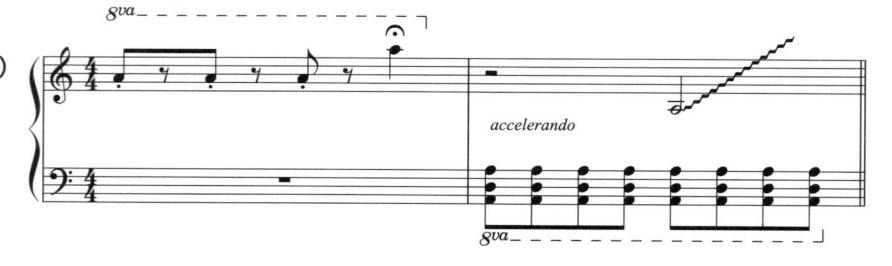

⑥ 着地する（落下する）

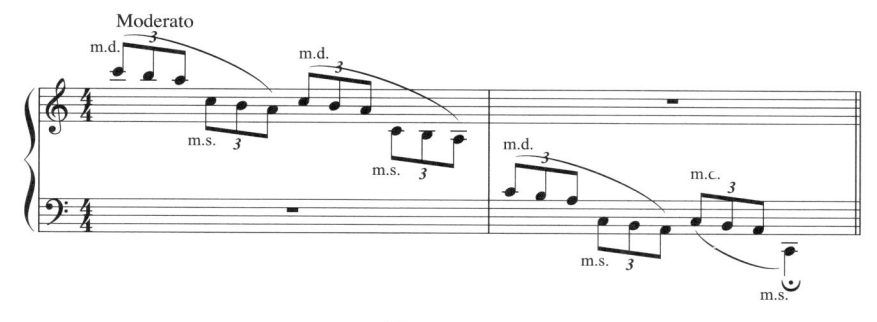

⑦ フワフワ飛ぶ

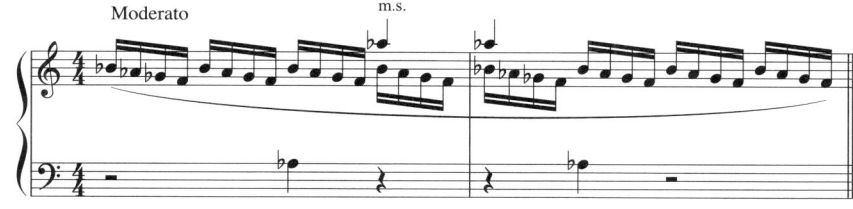

⑧ ジャンプする

⑨ くるくる回る

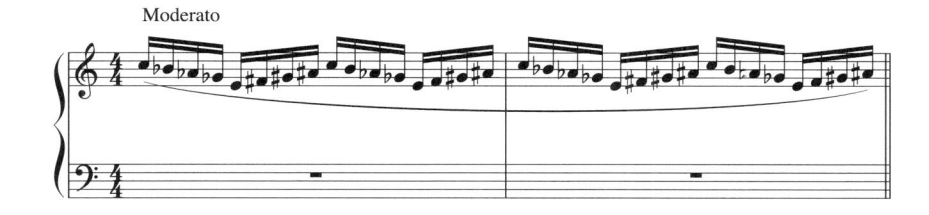

⑩ 魔法をかける

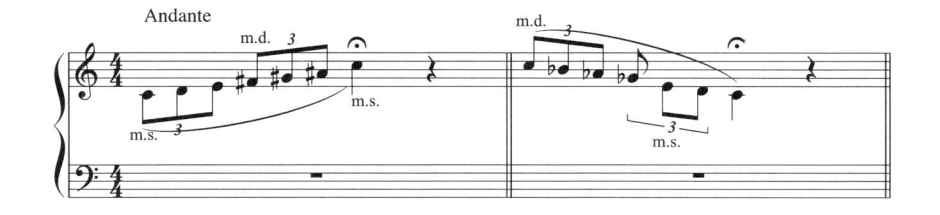

m.d.(mano destra)：右手で　　m.s.(nano sinistra)：左手で

（木許）

Ⅲ. 音楽と動きのあるあそび

　子どもは模倣あそび（まねっこあそび）が大好きです。保育者は、様々なまねっこあそびやごっこあそびをとおして、豊かな想像力や協調性を育み、調和のとれた子どもの育成を目指してほしいと思います。また、保育者自身が表現することを好み、音楽的に援助することを大切にしてほしいと思います。

♪1 ことばのまねっこあそび

　子どもは、周りにいる人のまねをしてことばを覚えていきます。ことばのリズムや語彙のおもしろさ、アクセントなどを楽しみながらリズミカルに発展させましょう。

| いぬ | うさぎ | たんぽぽ | ふうせん | ひこうき | かんづめ |
| ねこ | ライオン | ひまわり | ケーキ | じてんしゃ | しいたけ |

♪2 楽しいごっこあそび

　子どもは 1 人でぬいぐるみや人形に話しかける姿から、周りの友だちとごっこあそびを楽しむ姿へと成長していきます。表現することの楽しさを感じた子どもたちと劇あそびやオペレッタなどの活動へ発展させたいものです。

分　類	内　容
オニごっこ	「かくれんぼ」や「だるまさんがころんだ」などをとおして、勝ち負けやルールを理解して楽しむ。
乗り物ごっこ	「電車ごっこ」や「バスごっこ」などをとおして、まっすぐ歩く、つながる、速さに合わせることを楽しむ。
変身ごっこ	アニメや映画の主人公になりきって、セリフや動きを楽しむ。また、場面を使って劇あそびのように楽しむ。

♪3 想像しながら表現する

　子どもは動きのまねっこを楽しむことで、物の名前や性質、性格を理解していきます。そして、鳴き声や乗り物の音を擬音化することでイメージをふくらませていくことでしょう。また、絵本や写真などを見ながら、その感動を共有していくものです。

分　類	内　容
動物	陸上に暮らす動物、水中に暮らす動物、そのほか虫などを表現して楽しむ。
植物	木、草、花の特徴を捉えて表現することを楽しむ。
乗り物	手動で動く乗り物、自動で動く乗り物などの特徴を捉えて表現することを楽しむ。
自然	自然現象（風、雨、雲、波）や自然にあるもの（川、山、太陽）の特徴を捉えて表現することを楽しむ。

4 🎵 歌の表現

　子どもはうたうことが大好きです。歌詞の意味をしっかり理解し、表現につながる題材があれば、自由にうたいながら表現することができるでしょう。そして、動きを伴うことによって、より自分自身を表現しやすくなるでしょう。

あそびが含まれる子どもの歌

曲　名	内　容
むすんでひらいて	・歌詞に合わせた動きをつける。 ・「そのてをうえに」の部分では、「おひさまがキラキラ光っている」などのイメージを持ってみましょう。また、「そのてをよこに」や「そのてをまえに」などの替え歌を楽しむこともできます。
大きな栗の木の下で	・歌詞に合わせた動きをつける。 ・木の種類を変えることやテンポを変えることなどにも発展できます。また、高い音で伴奏することで高い木を表現したり、低い音で伴奏することで低い木を表現したりすることもできます。
山の音楽家	・歌に合わせ動物や楽器の真似する。 　発展例：他の動物を登場させる　など

（木許）

Ⅳ. 様々なあそびと子どもの育ち

　子どもは周りにいる人をまねることによって発達し成長していきます。子どもはまねっこあそびから育つと言ってもいいでしょう。
　子どもの模倣あそび（まねっこあそび）を大きく分けると、「耳（聴覚）から入ってくる情報を模倣するもの」と「目（視覚）から入ってくる情報を模倣するもの」に分かれます。そして、「模倣の発達」こそ、子どもの発達には欠かせないものとなります。日々のあそびや活動の中に模倣の要素を少しずつ入れていくといいでしょう。

1 ♪ ふれあうあそび

　保育者や友だちとスキンシップをとることは大切なことです。人間関係を作っていく第一歩として人と関わることへの喜びを感じ、身体を動かすことの喜びや様々なあそびが持つ楽しさを経験しましょう。

0歳～1歳児

子どもの活動	子どもの育ち	保育者の援助
・保育者のまねをしようとする。 ・手でさわったり、口に入れたりして感触を感じる。	・自分以外の人や物に興味を示す。 ・ことばを理解していく。	・一緒にあそびを楽しむ。 ・子どもが安心できるように声をかけたり、抱っこしたりする。

2歳～3歳児

子どもの活動	子どもの育ち	保育者の援助
・1人あそびを楽しむ。 ・自分が経験したことをまねる。	・ことばのやりとりを始める。 ・自我が芽生え自己主張するようになる。	・あそびが広がる素材などを用意する。

3歳～4歳児

子どもの活動	子どもの育ち	保育者の援助
・役割をつくり、ごっこあそびを楽しむ。 ・役になりきって遊ぶ	・母や父などの役割に興味を示す。 ・社会生活を理解していく。	・1人あそびを見守る。 ・子どもたちで遊ぶ楽しさに気づくよう促す。

4歳～5歳児

子どもの活動	子どもの育ち	保育者の援助
・友だちと楽しみながら遊ぶ。 ・工夫しながらあそびを展開する。	・あそびのイメージを共有することができる。 ・自分と周りとの違いを認識していく。	・1人あそびを見守る。 ・子どもたちで遊ぶ楽しさに気づくよう促す。

2 手や指のあそび

　子どもが歌うことによって感じられる拍やリズムに合わせながら手や指を動かしましょう。そして、年齢や発達を考えながら様々なあそびを展開しましょう。また、リズム感やテンポ感を身に付けましょう。

0歳〜1歳児

子どもの活動	子どもの育ち	保育者の援助
・音に合わせて身体を揺らす。 ・保育者と一緒に手をうったり、全身でリズムを感じたりする。	・相手とふれあう楽しさを感じる。	・優しく語りかけるようにうたう。

2歳〜3歳児

子どもの活動	子どもの育ち	保育者の援助
・手や足を使ってリズムをとる。 ・保育者や友だちとうたう。	・リズムに合わせて身体を動かす楽しさを感じる。 ・手の形を何かに見立てて、そのおもしろさを感じる。	・ゆっくりはっきりとうたう。 ・指先の動きなどの発達を確認する。

3歳〜4歳児

子どもの活動	子どもの育ち	保育者の援助
・音楽に合わせて踊る。 ・拍手や簡単なリズムを打つ。	・振りや速さに興味を持つ。 ・友だちと一緒に踊る楽しさを感じる。	・子どものテンポを感じながらうたう。 ・活動に応じたあそびを提案する。

4歳〜5歳児

子どもの活動	子どもの育ち	保育者の援助
・拍に合わせたリズムを打つ。 ・友だちと一緒にリズムあそびをする。	・歌詞を理解しておもしろさに気づく。 ・リズムの違いを楽しむ。	・複雑なあそびや替え歌などを提案する。

③ ことばのあそび

　保育者がかけることばを通して、ことばに興味を持つようになります。ことばと擬音をはじめ様々な音に出会うことで、会話に発展していくものです。絵本の読み聞かせも大切にしながらことばの楽しさを感じましょう。

0歳～1歳児

子どもの活動	子どもの育ち	保育者の援助
・ことばが出る。	・ことばへの興味が芽生える。	・子どもへ語りかける。

2歳～3歳児

子どもの活動	子どもの育ち	保育者の援助
・ことばの数が多くなる。 ・動物や食物などの仲間を知る。	・物の種類がことばで理解できるようになる。	・絵本の読み聞かせを行う。

3歳～4歳児

子どもの活動	子どもの育ち	保育者の援助
・しりとりやなぞなぞを楽しむ。	・自分の気持ちをことばで表現できる。 ・文字に興味を持つようになる。	・鉛筆などの筆記用具を持たせる。 ・数字やひらがなの表などを見せる。

4歳～5歳児

子どもの活動	子どもの育ち	保育者の援助
・手紙やかるたあそびを楽しむ。	・みんなの中で話をする。 ・文字を読もうとする。	・手紙のやり取りの経験をさせる。 ・自分で絵本を読む経験をさせる。

④ うごくあそび

　身体を使って動くことは脚力や支持力などの発達に欠かせないものです。子どもが抱く満足感や達成感を大切にしながら、さらにチャレンジしようとする意欲やモチベーションを高めたいものです。

0歳～1歳児

子どもの活動	子どもの育ち	保育者の援助
・保育者と一緒に身体を揺らしたり、はいはいしたりする。	・身体を動かす心地よさを経験する。	・子どもの身体を支える。 ・子どもに声をかけながらゆっくりと活動する。

2歳〜3歳児

子どもの活動	子どもの育ち	保育者の援助
・歩く方向やスピードを調整する。 ・登ったり降りたり、飛んだりする。	・足の運動機能が高まる。	・保育者が一緒に楽しむ。 ・子どもの発達に合わせた関わり方を考える。

3歳〜4歳児

子どもの活動	子どもの育ち	保育者の援助
・何かによじ登ったり、何かにぶら下がったりする。 ・片足立ちができる。	・遊具などの使い方を理解する。 ・支持力や懸垂力がつく。	・遊具などで事故が起こらないよう配慮する。 ・運動する楽しさが得られるよう過程を見守る。

4歳〜5歳児

子どもの活動	子どもの育ち	保育者の援助
・前転などができるようになる。 ・友だちと運動することを楽しむ。	・努力してできるようになる。 ・総合的な運動能力が高まる。	・ルールの大切さを教える。 ・達成感や満足感が高まるよう促す。

5 つくるあそび

様々な素材を感じながら、指先から身体全体を使った表現へ発展させましょう。また、素材の特徴を知ることによって子どものイメージをふくらませ、つくることの楽しさや達成感を感じましょう。

0歳〜1歳児

子どもの活動	子どもの育ち	保育者の援助
・指先で様々な素材を感じる。 ・フィンガーペイントを楽しむ。	・様々な素材にふれ、素材の質感などを感じる。	・口に入れることがあるので、衛生面、安全面に配慮する。

2歳〜3歳児

子どもの活動	子どもの育ち	保育者の援助
・紙をちぎったり丸めたりする。 ・スタンプする。	・様々な素材にふれ、素材の特徴を知る。	・様々な道具を用意する。

3歳〜4歳児

子どもの活動	子どもの育ち	保育者の援助
・絵の具やクレヨンなどで描く。 ・ハサミで切る。	・道具の使い方を工夫する。 ・つくる過程を考える。	・絵の具やクレヨンの色など、様々な素材を用意する。

4歳～5歳児

子どもの活動	子どもの育ち	保育者の援助
・イメージに基づいてつくる。 ・友だちと一緒につくる。	・想像力や観察力が生まれる。 ・友だちと一緒につくることに達成感や満足感が高まる。 ・手先の巧緻性がつく。	・作品を飾り工夫を認める。 ・個別に声をかけ指導する。

6 季節のあそび

植物や動物などをはじめ、自然とふれることから四季の変化を感じていくようになります。みる・きく・さわる・におう・あじわうなどの感覚を使って、自然に対する興味を引きだしましょう。

0歳～1歳児

子どもの活動	子どもの育ち	保育者の援助
・保育者とともに外気浴をする。 ・季節の植物を見る。	・外気にふれることを知る。 ・暑さ、寒さなどに気づく。	・野外では子どもの体調に配慮する。 ・体温調整できる衣服を用意する。

2歳～3歳児

子どもの活動	子どもの育ち	保育者の援助
・水あそびを楽しむ。 ・季節の植物にふれ、小動物に慣れる。	・水に興味を持つ。 ・植物の色、形、匂いなどに興味を持つ。	・水あそびでは体調管理に配慮する。 ・植物の美しさに気づくような声をかける。

3歳～4歳児

子どもの活動	子どもの育ち	保育者の援助
・図鑑などで植物や動物を調べる。 ・天候の違いに気づく。	・植物や動物の特徴に興味を持つ。 ・四季の特徴に気づく。	・図鑑などを用意する。 ・天候の変化に気づくような声をかける。

4歳～5歳児

子どもの活動	子どもの育ち	保育者の援助
・自然の中で遊ぶ。 ・四季の植物や動物と遊ぶ。	・自然現象などに興味を持つ。 ・四季の特徴を知る。	・植物栽培、動物飼育の環境を整える。 ・子どもの疑問をともに考える。

7 集団のあそび

　うごくあそびができるようになってくると、みんなで遊びたいという気持ちが湧いてきます。ルールを知ることや勝ち負けのあるあそびを通して、周りと関わることの楽しさを感じていくでしょう。

0歳～1歳児

子どもの活動	子どもの育ち	保育者の援助
・保育者のまねをして遊ぶ。 ・保育者と一緒に追いかける。	・保育者と関わることを喜ぶ。 ・身体を動かすことを楽しむ。	・子どもが安心できるよう声をかける。 ・安全な環境を整える。

2歳～3歳児

子どもの活動	子どもの育ち	保育者の援助
・追いかけたり追いかけられたりする。 ・ふれたりふれられたりすることに喜ぶ。	・友だちとの関わりが深まる。 ・全身を使って遊ぶ楽しさを知る。	・保育者が見本を見せるなどして興味を持たせる。 ・休憩などを取りながら遊ぶ。

3歳～4歳児

子どもの活動	子どもの育ち	保育者の援助
・ルールを理解して遊ぶ。 ・オニ役やリーダー役に従って遊ぶ。	・ルールを守ることの大切さに気づく。 ・見通す力が芽生える。	・トラブルを仲介する。 ・みんなが楽しく遊べるようなルールを提示する。

4歳～5歳児

子どもの活動	子どもの育ち	保育者の援助
・友だちと作戦を練って遊ぶ。 ・比較や競争を楽しむ。	・友だちと協力することで社会性を身につける。 ・友だちとのトラブルを解決しようとする。	・危険回避に配慮する。 ・友だちとの信頼関係を作れるような声をかける。

（木許）

第3章
子どものあそびうた

I. 子どもにとって「あそび」とは

1 子どもの「あそび」

　第二次世界大戦後の高度経済成長の変化は、都市化・核家族化・少子化など著しい社会変化をもたらし、子どもたちを取り巻く環境にも大きな変化を与えました。特に、少子化の進行は、「友だちと遊ぶ」より「自分ひとりで遊ぶ」という子どもや、「外で遊ぶ」より「家の中で遊ぶ」という子どもの数を増加させました。また、ゲームや携帯電話をはじめ様々な玩具や情報機器の発達、公園など子どもの遊び場の減少により、「社会生活ができない」や「人間関係をうまくつくれない」という子どもが増えています。このような社会の中で、子どもたちは、塾や習い事などの時間に追われ、十分に「あそび」ができる環境にいないのです。
　昔の子どもたちは、異年齢の仲間同士のぶつかりあいの中で「たくましさ」や「やさしさ」を育んできました。子どもの社会性や人間形成は幼児期から経験する「あそび」を通して培われるものなのです。

2 「あそび」とは

　「なぜ、人はあそぶのでしょうか。」このような疑問を持ち「遊び（あそび）」や「遊ぶ（あそぶ）」という言葉を広辞苑で調べると、次のように説明されていました。

> 遊び（あそび）：
> 　「あそぶこと。慰み。遊戯。猟や音楽のなぐさみ。遊興。特に酒色や賭博をいう。」
> 遊ぶ（あそぶ）：
> 　「日常的な生活から心身を開放し別天地に身をゆだねる意。神事に端を発しそれに伴う音楽、舞踊や遊楽などを含む。神楽をする、音楽を奏する。楽しいと思うことをして心を慰める正業をもたずにぶらぶら暮らす。金、土地、道具などが利用されないでいる。酒色や博打にふける。もてあそぶ。」

　オランダの歴史学者 J. ホイジンガ（Johan Huizinga 1872-1945）は、著書「ホモ・ルーデンス（遊ぶ人）～人類文化と遊戯～」（"Homo Ludens"1938）の中で、「あそび」を次のように述べています。

あそび

> あそびの本質は「おもしろさ」であり、「おもしろさ」があるからこそ、人は遊ぶ。つまり、あそびは「おもしろさ」である。

(Johan Huizinga 1872-1945 "Homo Ludens"1938 より)

フランスの哲学者 R. カイヨワ（Roger Caillois 1913-1978）は、「遊びと人間」（"Les jeux et les homes" 1958）の中で、6 つのあそびの概念をあげ、「遊びの定義」としました。

遊びの定義

① 「自由な活動」…人から強制されない活動
② 「隔離された活動」…あらかじめ決められた明確な空間と時間の範囲内に制限されている活動
③ 「未確定の活動」…活動の展開の仕方や結果がわかっていない予測の立たない活動
④ 「非生産的な活動」…財産や富など作り出さない活動
⑤ 「規則のある活動」…約束ごとに従う活動
⑥ 「虚構の活動」…日常的ではない非現実的な活動

(Roger Caillois 1913-1978 "Les jeux et les homes" 1958「遊びと人間」多田道太郎・塚崎幹夫訳 1971 より)

❸ あそびのおもしろさ

R. カイヨワは、これまでのあそびの領域を 4 つのあそびの基本的範疇として捉え、あそびを成立させると説きました。

4 つのあそびの基本

① 競争（アゴン：ギリシャ語で競争の意味）…運動や格闘技・子どものかけっこなど
② 偶然（アレア：ラテン語で賭けの意味）…じゃんけん・宝くじ・ギャンブルなど
③ 模擬（ミミクリ：英語で模倣の意味）…演劇・物まね・ままごとなど
④ 眩暈（イリンクス：ギリシャ語で渦巻きの意味）…メリーゴーランド・ブランコなど

(Roger Caillois 1913-1978 "Les jeux et les homes" 1958「遊びと人間」多田道太郎・塚崎幹夫訳 1971 より)

子どもたちの日常のあそびを、R. カイヨワの 4 つの要素に照らし合わせてみましょう。
よく園庭で子どもたちがドッジボールやかけっこで遊んでいる姿を思い出しましょう。かけっこは「競争あそび」です。また、ジャンケンや宝探しなどは、「偶然あそび」です。お姫さまごっこ、忍者ごっこ、怪獣ごっこなどは、「模擬あそび」、子どもが身体を回転させて遊ぶのは、「眩暈あそび」です。

4　伝承あそびのおもしろさ

　「伝承あそび」からR.カイヨワのあそびの要素をみてみましょう。
　「競争あそび」を自分が他者より優れているという優越性において成り立つあそびとするならば、「だるまさんがころんだ」の鬼あそびは鬼と子どもの競い合い、対立と駆け引きのおもしろさから「競争あそび」として成立するでしょう。また、まりつき・お手合わせ・なわとびなども、技に挑戦するあそびとして「競争あそび」の要素に当てはまります。
　次の「おせんべ」の手あそびは、「模擬あそび」と「偶然あそび」の要素が含まれています。おせんべいを焼くという「模擬あそび」（ごっこ）と、誰のどの手に当たるかという「偶然あそび」のおもしろさが、子どもたちの気持ちをわくわくさせるのです。

（楽譜：おせんべやけたかな）

あそび方

① 輪になって座り、手の甲を上にして両手を前に出す。
② リーダーを1人決め、リーダーがうたいながら順にみんなの手を指さしていく。
③ 最後の「な」で指さされた手は、せんべいが焼けたことになり、手のひらが上になるよう裏返す。
④ くり返し行うが、裏返した手を指さされた時、手を引くことができる。
⑤ 最後まで手が残っている子どもが「勝ち」または「負け」となる。

　子どものあそびは、「自由で自発的なもの」・「おもしろさ・楽しさを追求するもの」として捉えることが基本です。この自由で自発的なものとは、人間らしく生きるために必要な行動力だといえるでしょう。また、おもしろさ・楽しさを追求するものとは、子どもの興味、関心を引き出し、発達に必要な経験を積み重ねることだといえます。
　子どもは、あそびから生きるために必要な知恵や経験（約束ごと・人間関係・コミュニケーションなど）を学びとっているのです。
　これらのことから、子どものあそびを成立させるための適切な環境（時間・空間・仲間）を整えることが今後の課題といえるでしょう。

（高御堂）

Ⅱ. 子どもの歌唱表現

1 子どもの生活と歌

　子どもたちは、毎日、新しい発見や様々な感動を体験しながら歌をうたっています。子どもにとってうたうことは、もっとも身近で直接的な音楽表現といえます。上手にうたえるようになることが第一目的ではなく、「心から楽しんでうたう」ということが最も大切なことで、それが子どもの「感じる心」を育むことにつながります。

2 教材の選択と注意点

　保育者は、以下のような点に注意し、子どもが興味、関心を持ち、うたいたいと思うような教材を選ばなければなりません。

保育者の注意点

① 歌詞に示される内容が、子どもの生活的側面（季節の流れ・行事・生活習慣・夢や幻想・動植物に対する興味関心など）を考慮したものであるか。
② ことばだけでなく教材の音楽的側面（リズム・旋律・和音進行の変化や美しい響き・速度や強弱・ことばとの快い一致）を考慮したものであるか。
③ 子どもの発達的側面（音楽的能力・心身の発達）を考慮したものであるか。

3 歌の内容と保育者の「ことばがけ」

　保育者が、ただ何となく歌を教えればいいというのではなく、まず、子どもたちがうたおうとする歌の内容に興味をわかせることが大切です。そのために、うたいたくなるようなきっかけや場面・雰囲気を作り、あそびを通して活動を展開させましょう。
　次に、保育者の「ことばがけ」が重要となります。年齢に適した教材や補助教材（絵本・ペープサート・パネルシアター・指人形・CDなど）を活用することによって、子どもたちの「うたいたい」という気持ちを引き出しましょう。

4 保育者の心構え

　まず、保育者がうたい、子どもたちが聴くという「表現と受容の関係」において指導は成り立ちます。そのため、子どもの前で保育者自身が歌を十分理解し、楽しくうたう姿を見せなければなりません。子どもは保育者のうたう姿を見て、その歌に興味を示し、「うたいたい」・「覚えたい」と思い、楽しみながら自然に歌を覚えていくのです。

5 子どもの自然な声

「大きな声でうたいましょう」「元気にうたいましょう」ということばがけに、子どもが「どなり声」や「張り上げ声」で一所懸命うたっている様子をよく見かけます。元気な声や大きな声は「どなる」ことではありません。「やまびこあそび」で、声の高さや節・ことば・うたい方を、「まねっこあそび」で、声の出し方・うたい方などを練習するのもいいでしょう。また、各園でくり広げられる子どもどうしの会話・けんかの叫び声・泣き声・大声でうたうことなどは、声帯に障害をもたらすことがあるので注意しなければなりません。

6 保育者の自然な声

保育における歌唱指導は、「教える」というより、保育者自身が美しくやわらかい声でうたってきかせることが第一です。そして、保育者は子どもの顔を見ながら、口の開け方や呼吸の仕方・姿勢・顔の表情などに注意し、感情を込めてうたいましょう。また、汚い声と美しい声の違いを気付かせ、自然で力みのない子どもらしい声でうたえるよう指導しましょう。

7 ことばと声域

うたうことは、ことばの発達にも密接な関係があります。3～4歳になると、日常会話も上手にできるようになりますが、まだ語彙が豊富ではありません。身体的発達の著しいこの時期に、うたうことを通してことばの成長も大いに期待できそうです。

次の楽譜は、子どもの声域の発達を表したものです。子どもに無理させることなく声帯の発達を促しましょう。

男児　0歳　1～2　2～3　4～5　6　7　8　9　10　11　12

女児　0歳　1～2　2～3　4～5　6　7　8　9　10　11　12

(発声機構の発達より「声域の発達」より)

8 保育者として留意すること

子どもの歌唱表現は、大人の訓練された歌唱表現とは違い、自分の経験や感動を自由に表現して楽しんでいるものです。また、イメージしたことを即興的にうたったり、擬音をリズミカルにくり返したり、呼びかけやはやしことばに旋律をつけたりして楽しみます。これは音楽への芽生えといえるでしょう。

年齢が低い子どもほど、うたうことへの心構えは少なく、ことばやあそびとして歌を捉えています。保育における歌唱指導は、「教える」というより、保育者がうたってきかせ、楽しさを共感することが大切です。そして、一斉的な場面だけでなく、少人数で顔を見合わせてうたうことも大切です。

子どもの興味や音楽的な発達に合わせて、歌詞の解釈や音楽的な内容、うたい方など気付かせていくことも必要ですが、あくまでも歌が子どもの主体的表現となることや、音楽の技術的指導が先行しないように留意しなければなりません。

(高御堂)

Ⅲ. わらべうたあそび

1 わらべうたと伝承あそび

　わらべうたは、子どもたちの生活の中で伝えられてきた「あそびうた」です。子どもたちのあそびの中でうたっているうちに自然とできたものもたくさんあります。

　伝承あそびは、親から子へ、また、子どもから子どもへと伝えられる「文化」であるといわれています。

　わらべうたは、子どもたちによって伝えられ変化していくため、常に新しい情報の源になります。この伝承性は、子どものあそびの世界を通して行われるものであり、家族間の貴重な交流の現れです。また、純粋に子どもたち自身の力で受け継がれてきたものであると考えられます。つまり、人間の最も基本的な営みを長い間支えてきた伝承に根ざした伝統的な「子育ての文化」でもあります。

2 わらべうたとその意義

　わらべうたを通して、日本語が持っている音楽的特性や、子どもが日々経験していることばやあそびの必要性の中から育んできた音感や表現力を「あそびの教育」として捉えています。それは、わらべうたによって子どもの本質である「うたうこと」・「遊ぶこと」への喜びを両方満たすことができるからです。それらが子どもの生活を満たし、発達を促すものであるならば、わらべうたを幼児教育の手がかりとする意義が認められます。

3 わらべうたの特徴

　わらべうたは、時代とともに変わってきました。同じ歌でも地域によって、歌詞やメロディーが少しずつ異なっています。

　わらべうたの音楽的特徴は、2拍子系の歌が多いといえるでしょう。

　日本語の最も大きな音楽的特徴は、1字1字の単位がはっきりしていることです。例えば、「さくら」を文字で表すと3文字で、発音すると3音節になります。また、英語で「チェリー（さくら）」は、文字で表すと「cherry」と6文字ですが、発音すると1音節になり一気に発音されます。

　また、日本語には、「つめる音」・「はねる音」・「引く音」があります。「ッ」や「ん」を1拍と感じ、「引く音」を2拍と感じます。例えば、「オバサン」を「オバーサン」と引っ張ると全く違ったことばになってしまいます。このようなことから、日本語が持つリズムは、すべてのわらべうたに生かされていると考えられています。

　わらべうたは、うたいやすく、楽しんでうたっていれば自然と日本語のリズム感が身に付きます。日本語には英語やドイツ語のような強弱のアクセント（stress accent）はありません。しかし、高低のアクセント (pitch accent) があります。

　子ども自身から発せられたことばや歌の旋律は、子どもの自然なリズム感・やさしい音感・日本語に合った旋律に大きく関係しています。そして、身体の動きをともない、小さな指あそびから集団あそびにいたる子どもの動きが、「あそび」としてあるのです。

♪ 4 現代のわらべうた

次の表は、保育・幼児関係書などで取り上げられたわらべうたを分類したものです。

現代のわらべうた

分類		わらべうたの内容
となえうた		・呼びかけ・早口・悪口・はやし・尻とり・約束ごと・物選びや数を数える替え歌など ・歌うこと・となえること（どれにしようかな・あした天気になれ・一番星みつけた他）
絵かきうた	数字	・いっちゃん・しいちゃん・ろくちゃん
	ひらがな・カタカナ	・へのへのもへじ・つる三八〇〇ムし・ヘマムシ・入道
	図形	・みみずがさんびき・ぼうがいっぽんあったとさ
	その他のアレンジ	・やまがあってたにがあって（「春がきた」の替え歌）
まりつきうた		・あんたがたどこさ・いちもんめのいすけさん・いちじくにんじん
なわとび	順番とび	・大波小波・1羽のからす
	ジェスチャーとび	・ゆうびんやさん・くまさん
	なわ開閉とび	・たこはっちゃん
ゴムとび	足かけゴムとび	・ごんべさん
	ゴムなわとび	・いろはにこんぺいとう
じゃんけん	基本的ジャンケン	・ジャンケンポン・あいこでしょ
	条件付きじゃんけん	・大阪じゃんけん負けるが勝ち・相手のないもの鬼
	組み分けジャンケン	・グーとパー
	表現とジャンケンあそび	・ことばあそびの表現（ジャンケンほかほか北海道） ・ジャンケンあそび（ドンパッパ・グリコ）
お手合わせ	手合わせ	・アルプス一万尺・茶摘み・線路は続くよどこまでも
	ジャンケン付き手合わせ	・おちゃらか・ももたろうさん
	ジェスチャー付きジャンケン	・お寺のおしょうさん・涙ぽろぽろ
鬼あそび	追いかけ鬼	・あぶくたった・今年のぼたん・はじめの1歩
	かくれ鬼	・ポコペン
	人あて鬼	・かごめ・坊さん・かりゅうどさん
	子とり鬼	・子とろ・竹の子一本・はないちもんめ
	くぐり鬼	・とおりゃんせ・ロンドン橋
身体あそび	顔遊び	・あがり目さがり目・だるまさん
	身体全体	・おしくらまんじゅう・なべなべ底抜け・いも虫ゴロゴロ
手あそび	指・手を合わせる	・子どもと子ども・茶つぼ
	2人の手をふる	・おなべ・1本ばし
	集団的手あそび	・おせんべ・ずいずいずっころばし

5 今後のわらべうた

　わらべうたあそびは、あそびの本質である自由や主体性・自発性が十分生かされなければなりません。子どもを無理に集団の中へ押し込めたり、大人のあそびを押し付けたりしてはなりません。わらべうた教育がすべてではないこと、あくまでもわらべうたを出発点として、子どもの心身の発達・社会性・人間関係の大切さなどを習得してほしいと願います。

　あそびは、自分だけが楽しむものではありません。他の子どもと遊ぶためのルールやリズムもあります。このルールとリズムを身に付けられない子どもは、友だちと一緒に遊べないということを教育でなく経験から学んで欲しいのです。この経験こそ、子どもが大人になり社会の一員として、ルールやリズムを守りながら自発的に行動する人間に育つものだと信じています。遊びながら身に付けたものは、一生離れることはありません。子ども時代のわらべうたあそびこそ、バランスの取れた社会人になるための必要な体験だと考えます。わらべうたは決して古いものではなく、今後、さらに新しいわらべうたをつくりだして子どもの世界を広げていってもらいたいと願います。

（高御堂）

Ⅳ. あそびうた ① (わらべうた)

あがりめさがりめ

あがりめ　さがりめ　くるっと　まわして　ニャンコの　め

あそび方

小さな子どもはひざの上にのせ、向かい合って遊びましょう。友だちと2人1組になれる場合は、目尻を寄せたり引いたりしながら、様々な表情を作り楽しみましょう。

① あがりめ

人さし指を目尻にあて、目尻を上げる。

② さがりめ

目尻を下げる。

③ くるっとまわして

目の周りをまわす。

④ ニャンコ（ネコ）のめ

目尻を内側へ寄せるようにし、ネコの目をまねする。

その他のあそび方

子どもが眠そうにしている時は、そっとまぶたをなで「ねんねのめ」などの、ことばがけをすることによって、子どもは安心します。また、沖縄県地方では、「キツネのめ」という使われ方をするようです。

（奥田）

あんたがたどこさ

あんたがたどこさ ひごさ ひごどこさ くまもとさ
くまもとどこさ せんばさ せんばやまには たぬきが
おってさ それを りょうしが てっぽうで うってさ にてさ
やいてさ くってさ それを このはで ちょいと かぶせ

あそび方

① ゆっくりと歌の拍子にあわせて、まりをつきましょう。上手にまりをつけるようになったら、テンポを速くしてまりをつきましょう。

② ことばの末尾にくる「さ」のところで、右足をくぐらせながら、まりをつきましょう。ことばあそびから出てくる変拍子を楽しみましょう。

③ 最後に出てくる「かぶせ」のところで、まりを抱えたり、持ったりしてもいいでしょう。

その他のあそび方

・**両足とび**
　拍子に合わせて、両足とびをしながら前進し、「さ」のところで後退します。輪になって、あるいは1列になってもいいでしょう。前後の動きだけでなく、左右の動きを加えてもおもしろくなります。

・**手合わせ**
　手拍子を打ち、「さ」のところで向かいの人と、あるいは隣の人と手合わせをしてみましょう。手合わせの他に、ひざ打ちや肩たたきなどを組み合わせて入れると、より楽しさが増します。

（菊池）

あぶくたった

あ ぶ く たっ た　に え たっ た　　　に え た か
ど う だ か　た べ て み　よ う　むしゃむしゃむしゃ　ま だ に え ない
　　　　　　　　　　　　　　　　　　　　　　（も う に え た）

あそび方

目隠ししてしゃがみこむオニ役の周りに、手をつないで円を作りましょう。セリフのかけ合いでは、オニ役の発想力によりドキドキしながら鬼ごっこに展開します。また、3つのあそびを楽しめることでも有名なあそびです。

A：うたあそび

① あーぶくたった　にえたった

② にえたか　どうだか　たべてみよう

手をつなぎ、うたいながらオニ役の周りを歩く。

オニ役に近づいて、オニ役の様子をのぞきこむ。

③ むしゃむしゃむしゃ

オニ役は何か食べているしぐさをする。

④ まだ　にえない

がっかりして、手をつないだままオニ役から離れていく。

⑤ ①〜③を数回くり返す。

⑥ もうにえた　とだなにしまっておこう

オニ役を円の外側に連れて行き座らせ、「ガチャガチャガチャ」と戸棚に鍵をかけるしぐさをする。

B：ことばあそび

⑦ 普段の生活の様子を身体や擬音などで表現しながらオニ役を待つ

・ごはんを食べて　ムシャムシャムシャ
・お風呂に入って　ジャブジャブジャブ
・歯をみがいて　　シュッシュッシュッ
・電気を消して　　グーグーグー

C：ごっこあそび

⑧ オニ役：「トントントン…。」
　子ども：「何の音？」
　オニ役：「風の音。」（何の音でもいい）
　子ども：「あぁよかった。」

⑨ ⑧のあそびをくり返す。

⑩ オニ役：「トントントン…。」
　子ども：「何の音？」
　オニ役：「おばけの音。」
　子ども：「キャーッ！」

オニ役が「おばけの音。」と言ったら鬼ごっこが始まる。捕まった子どもが、次のオニ役となり、あそびがくり返される。

その他のあそび方

　鬼ごっこに発展したところから、オニ役や子どもたちが動く（走る・歩く）ことのできる歩数を決めてみましょう。また、小さなグループでの活動としても展開することができるでしょう。さらに、オニ役を複数にしたり、オニ役が子どもたちを捕まえることのできない場所を設定したりしても楽しいでしょう。

（岩佐）

いちにのさん

いちにの さん　しのにの ご　さんいち しのにの しのにの ご

あそび方

　指で数あそびを楽しみましょう。子どもが数に興味を持ちはじめるころに遊ぶと、子どもは大変喜びます。また、片手ずつ遊んだり、両手で遊んだりしましょう。

① 1　② 2　③ 3　④ 4　⑤ 5

その他のあそび方

　わらべうたは、子どもたちのあそびの中で、うたい伝えられることが多いので、歌詞やメロディーが少しずつ違うこともあります。
　次の楽譜は、関西地方で伝わるメロディーを採譜したものです。

いちにの さん　しのにの ご　さんいち しのにの しのにの ご

（加藤）

いちもんめのいすけさん

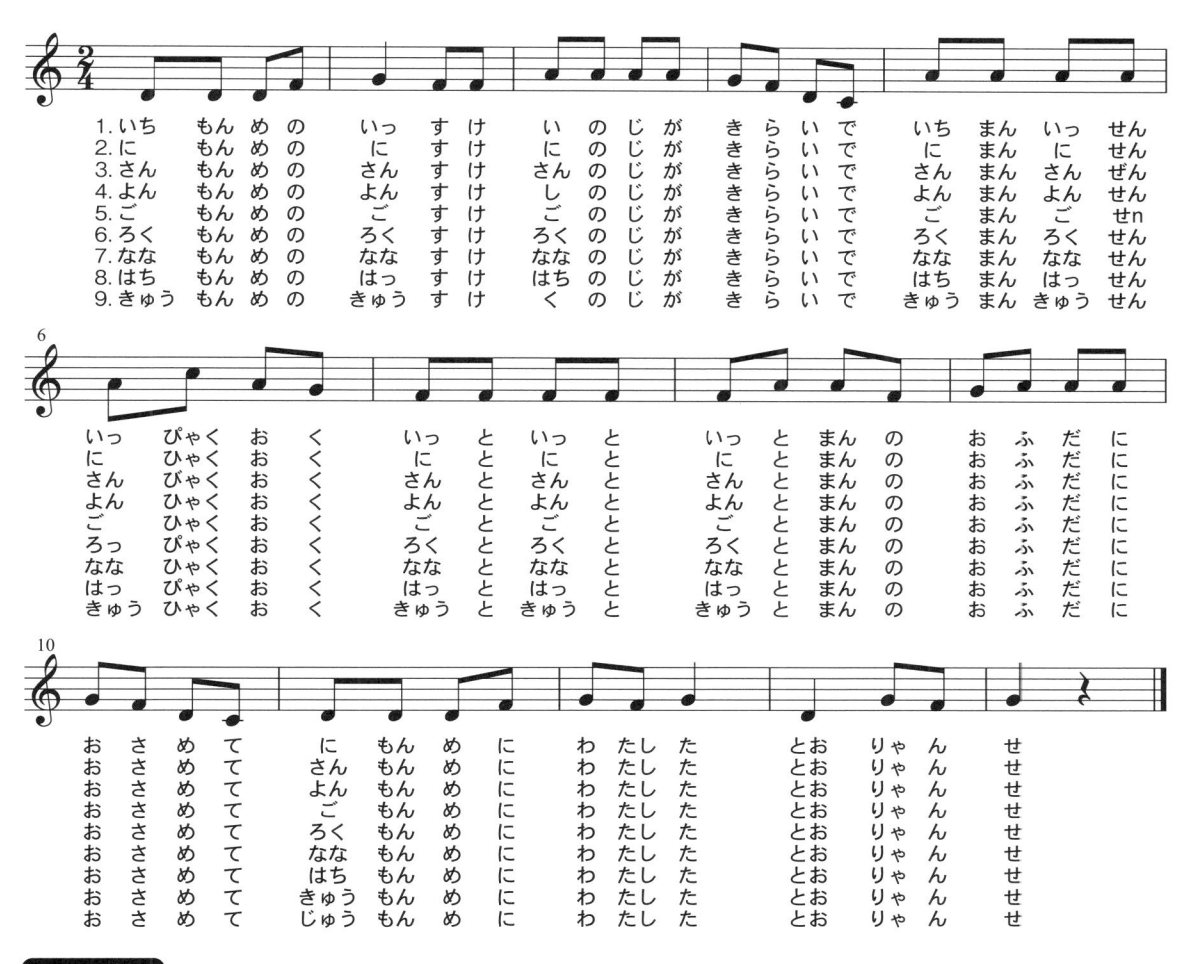

	もんめの		すけさん		じがきらいで		いっせん
1. いち	もんめの	いっ	すけすけ	にのじがががが	ききららいいでで	いち まんまん	いっせん せんせん
2. に	もんめの	にさん	すすけけけ	にしのじじがが	ききらいいでで	にさん まんまん	にさん せん
3. さん	もんめの	さん	すけけけ	さんのじじが	きらいいで	さん まんまん	さん せん
4. よん	もんめの	よん	すけけ	よんしのじじ	きらいで	よん まんまん	よん せんn
5. ご	もんめの	ごく	すけけ	ごのじじ	きらいで	ご まん	ご せん
6. ろく	もんめの	ろくなな	すすけけ	ろくのじ	きらいで	ろくなな まんまん	ろくなな せん
7. なな	もんめの	なな	すけけ	ななのじ	きらいで	なな まん	なな せん
8. はち	もんめの	はっ	すけ	はちのの	きらい	はち まん	はっ せん
9. きゅう	もんめの	きゅう	す	の	き	きゅう まん	きゅう せん

(いっぴゃく〜くおお〜いっさんよんごろくななはっきゅう と と と と と まんまんのの おおふだ だににに …)

あそび方

ゆっくりと歌の拍子にあわせて、まりをつきましょう。この曲は、速いテンポでうたうのではなく、ゆっくりとうたい楽しみましょう。また、子どもと向かい合ったり、ひざの上にのせて、うたいきかせる曲としても有名です。

次のような歌詞でうたわれている地域もあるようです。

いちもんめの いすけさん いのじが きらいで いちまん いっせん いっぴゃくこく

いっと いっしょう いっごうます おくらに おさめて にもんめに わたした

（高御堂）

1本ばしこちょこちょ

いっぽんばし　こちょこちょ　すべってたたいて　つねって　かいだんのぼって　こちょこちょ

あそび方

子どもと向かい合ったり、ひざの上にのせたりしながら子どもの手をとってやさしくたたいてみたり、くすぐってみたり、スキンシップを楽しみながらうたいましょう。

① いっぽんばし

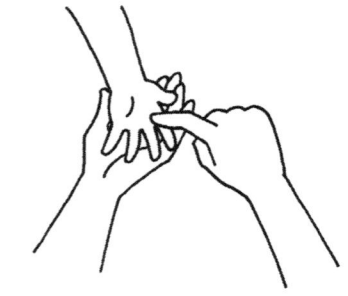

大人が子どもの手の甲を持ち、人さし指で手のひらを軽くつつく。

② こちょこちょ

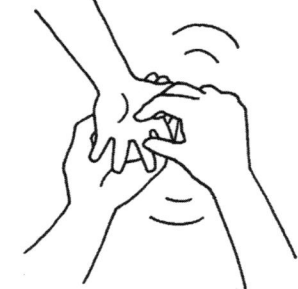

子どもの手のひらを、人さし指でくすぐる。

③ すべって

子どもの腕を人さし指で、上から指先へとすべらせる。

④ たたいて

子どもの手のひらを、1回軽くたたく。

⑤ つねって

人さし指と親指で、子どもの手のひらをやさしくつねる。

⑥ かいだんのぼって

人さし指と中指で子どもの指先から肩へ登っていく。

⑦ こーちょこちょ

子どもの脇の下や身体全体を、やさしくくすぐって喜ばせる。

その他のあそび方

「にほんばし」の時は、人差し指と中指を使い動作は同様にして遊びます。「さんぼんばし」、「よんほんばし」と指を増やしていき、最後は「ごほんばし」と指を増やして遊びながら喜ばせてあげましょう。

子どもだけで遊ぶ時は、次のようなあそび方も楽しめます。

① **いっぽんばし**　　　手の甲を持ち、人さし指で手のひらを軽くつつく。
② **こちょこちょ**　　　人さし指を肩の方へと登らせる。
③ **すべって**　　　　　肩から手のひらへ人さし指をすべらせる。
④ **たたいて**　　　　　手のひらをたたき、手の甲が見えるようひっくり返す。
⑤ **つねって**　　　　　手の甲を軽くつねる。
⑥ **かいだんのぼって**　人さし指と中指で手の甲から肩へ登っていく。
⑦ **こーちょこちょ**　　身体全体をくすぐる。

(植田)

第3章　子どものあそびうた

おおなみこなみ

おおなみ　こなみで　ぐるりとまわして　ねこのめ

あそび方

　2人1組になり向かい合って遊びましょう。両手をつないで波を表現したり、ユニークな表情を見せあったりして、友だちとのふれあいを楽しみましょう。

① おおなみ　こなみで

向かい合って両手をつなぎ「おおなみ」で大きく2回、「こなみ」で小さく2回、腕を左右に揺らす。

② ぐるりとまわして

お互いにその場で1周回る。

③ ねこのめ

お互いに見つめあいながら両方の目尻をつりあげる。

その他のあそび方

大縄あそび

① おおなみ　こなみ　風がふいたら　回しましょ　ソレ

　縄の持ち手は、リズムに合わせて縄を左右に揺らす。跳び手は縄の動きに合わせて跳ぶ。

② 1回　2回　3回…

　「ソレ」のかけ声で弾みをつけ、縄を大きく回し、跳び手が跳んだ回数を数える。

おお　なみ　こなみ　かぜがふいたら　まわしましょ　ソレ

　小さな子どもと遊ぶ場合は、向かい合って座り、様々な表情をつくって遊びましょう。子どもは大人の豊かな表情をまねて遊ぶことが大好きです。子どもがまねやすいよう、手でゆっくりと顔をなぞりながら表情を変化させましょう。

（田中）

おしくらまんじゅう

お し く ら ま ん じゅう お さ れ て な く な

あそび方

　背中合わせで腕を組み輪になります。その輪より少し大きめの円を地面にかき、背中で押し合って円の外へでた人が抜けていくあそびです。寒い日に、3人から10人くらいで、4歳前後から遊べる外あそびとして有名です。

　このあそびは、もともと「おしくらべ」と呼ばれていました。それが「おしくら」になり、「おしくらまんぞ」になりました。その後、「まんぞ」を子どもたちが好きな「まんじゅう」になぞって「おしくらまんじゅう」と呼ばれるようになりました。

その他のあそび方

　このような曲を使う地域もあるようです。

お し く ら まん じゅう お さ れ て な く な
あん ま り お す と あん こ が で る ぞ
あん こ が で た ら つ まん で た べ ろ
お し く ら まん じゅう お さ れ て な く な

（松本）

おちゃらかホイ

（楽譜）

せっ　せっ　せー　の　よ　い　よ　い　よい

お　ちゃ　ら　か　お　ちゃ　ら　か　お　ちゃ　ら　か　ホイ

お　ちゃ　ら　か　か　っ　た　よ　お　ちゃ　ら　か　ホイ
　　　　　　　（ま　け　で）
　　　　　　　（あ　た　よ）
　　　　　　　　　　こ

あそび方

　2人1組で向かい合い、手合わせとジャンケンを楽しむあそびです。慣れてきたら、⑦〜⑩を連続して楽しみましょう。また、テンポをだんだん速くしていくと盛り上がります。

① せっせっせーの

向かい合って手をつなぎ、リズムに合わせて上下に振る。

② よいよいよい

つないだ手を交差させ、上下に振る。

③ おちゃ

左の手のひらを上に向け、右手で打つ。

④ らか

相手の左の手のひらを打ち合う。

⑤ おちゃらか　おちゃらか
③④を2回くり返す。

⑥ ホイ

ジャンケンをする。

⑦ おちゃらか
③④をくり返す。

⑧-1 勝ったよ

勝った方は、両手をあげて喜ぶしぐさ
をする。

⑧-2 あいこで

両手を腰にあてたり、腕組みをしたりする。

⑧-3 まけたよ

負けた方は、おじぎをしたり、泣くまねをしたりして、
悲しむしぐさをする。

⑨ おちゃらか
③④をくり返す。

⑩ ホイ
ジャンケンをする。

（岡田暁子）

おてらのおしょうさん

おてらの おしょうさんが かぼちゃの たねを まきまし
た めがでて ふくらんで はながさいたら ジャンケンポン

あそび方

2人1組になり手合わせを楽しんだあと、ジャンケンをしましょう。

① お 
お互いに拍手をする。

② て 
お互いの右手のひらを打ち合わせる。

③ ら 
お互いに拍手をする。

④ の 
お互いの左手のひらを打ち合わせる。

⑤ おしょうさんが
①～④をくり返す。

⑥ かぼちゃの
①～④をくり返す。

⑦ たねを
①～④をくり返す。

⑧ **まきまし**
①～④をくり返す。

⑨ **た**

お互いの両手のひらを打ち合わせる。

⑩ **めがでて**

両手を合わせ、芽が出るしぐさをする。

⑪ **ふくらんで**

両手でつぼみをつくる。

⑫ **はながさいたら**

両手で花をつくる。

⑬ **ジャンケンポン**

ジャンケンをする。

⑭ ジャンケンの勝敗が決まるまで、何度もくり返す。

(奥田)

かごめかごめ

かごめ かごめ かごのなかの とりは いついつ でやる
よあけの ばんに つるとかめが すべった うしろのしょうめん だーれ

あそび方

有名なグループあそびです。まず、オニ役を1人決め、他の子どもたちは手をつなぎ輪をつくります。オニ役は輪の真ん中にしゃがみ、目隠しをします。輪になった子どもたちは、歌をうたいながら一方向に歩き、歌をうたい終えたところでその場にしゃがみます。オニ役は自分の後にしゃがんだ人が誰なのかをあてます。

① かごめかごめ〜つるとかめがすべった

② うしろのしょうめんだーれ

輪になって手をつなぎ、円を回りながら歩く。

歌をうたい終えたところでその場にしゃがむ。オニ役は自分の後にしゃがんだ子どもの名前をあてる。

その他のあそび方

オニ役が後にいる子どもの名前をあてることが難しそうなときは、子どもに動物や鳥の鳴き声をさせたりするとわかりやすくなるでしょう。

また、「うしろのしょうめんだーれ」で、6回ジャンプをしてからしゃがむ方法もあります。円を普通に回って歩くよりも体を大きく動かすので子どもたちは喜ぶでしょう。

(菊池)

げんこつ山のたぬきさん

げん こ つ や ま の た ぬ き さ ん お っ ぱ い の ん で
ね ん ね し て だ っ こ し て お ん ぶ し て ま た あ し た

あそび方

2人1組で向かい合って遊びましょう。小さな子どもと遊ぶときには、ジャンケンの代わりに、お互いの手のひらを打ち合わせたり、にらめっこをしたり、簡単なポーズをとったりして楽しみましょう。

① げんこつやまのたぬきさん

左右の手でげんこつ(握りこぶし)をつくり、上下に入れかえながら打つ。

② おっぱいのんで

両手を顔の前に出し、おっぱいを飲むしぐさをする。

③ ねんねして

両方の手のひらを合わせ、左右のほおにあて目を閉じる。

④ だっこして

両腕を前に出し、赤ちゃんを抱くしぐさをする。

⑤ おんぶして

両腕を後ろに回し、赤ちゃんを背負うしぐさをする。

⑥ またあした

かいぐりをして、「あした」の後、ジャンケンをする。ジャンケンであいこになったときは、⑥をくり返す。

その他のあそび方

何度かくり返し、そのたびだんだんテンポを速くするなど、テンポを変えて遊ぶのもおもしろいでしょう。

(松川)

ことしのぼたん

こ と し の　ぼ た ん は　よ い ぼ た ん
お み み を か ら げ て　すっ ぽん ぽん　も ひ と つ お ま け に　すっ ぽん ぽん

あそび方

　グループで遊ぶ鬼ごっこです。まず、オニ役を決めましょう。他の子どもたちは手をつないで輪を作り、オニ役は輪の外に離れて立ちます。

① ことしのぼたんはよいぼたん

歌をうたいながら手をつなぎ歩く。

② おみみをからげて

両手の人差し指を耳の横でくるくると回します。

③ すっぽんぽん

両手のひらを上下にすり合わせながら3回手拍子をする。
手拍子に合わせて片足ずつ前にけり出し跳ぶ。

④ **もひとつおまけに**
②と同じ動作をくり返す。

⑤ **すっぽんぽん**
③と同じ動作をくり返す。

⑥ **オニ役と子どもたちのやりとり（例）**
　・オニ役：「入れて」
　　子ども：「いや！」
　・オニ役：「山へつれていってあげるから入れて」
　　子ども　「山坊主がいるからいや！」
　・オニ役：「海へつれていってあげるから入れて」
　　子ども：「海坊主がいるからいや！」
　・オニ役：「うちの前を通るとき天びん棒でぶつわよ」
　　子ども：「こわーい」（ひそひそと相談する）「じゃ、いれてあげる」
　・オニ役：「ありがとう」（仲間に入る）

再び、①〜⑤を歌いながらくり返す。

　・オニ役：「もうかえる」
　　子ども：「どうして？」
　・オニ役：「ごはんだから」
　　子ども：「ごはんのおかずはなあに？」
　・オニ役：「へびとかえる」
　　子ども：「きもちわるい。じゃあさようなら」
　・オニ役：「さようなら」

オニ役は子どもたちから離れて歩き出します。

⑦ 子ども：「だれかさんのうしろにへびがいる」
　　オニ役：「わたし？」
　　子ども：「ちがうよ。さようなら」
　　オニ役：「さようなら」

⑧ 子ども：「だれかさんのうしろにへびがいる」
　　オニ役：「わたし？」
　　子ども：「そう！」「キャー」（一斉に逃げる）

⑨ **オニ役は逃げる子どもたちを追いかけ、つかまった子どもは次のオニ役になる。**

その他のあそび方

　連れて行く場所やおかずのメニューなどを子どもたちと考え、ヴァリエーションを増やすとより楽しくなるでしょう。
　⑤の後に入るセリフを省略して、すぐ⑦を歌って短くして遊ぶ方法もあります。

（菊池）

ずいずいずっころばし

ずいずい ずっころばし ごまみそ ずい ちゃつぼに おわれて とっぴん しゃん ぬけ たーら どんどこ しょ たわらの ねずみが こめくって チュウ チュウチュウ チュウ おとさんが よんでも おかさんが よんでも いきっこ なーー し よ いどの まわりに おちゃわん かいたの だーー れ

あそび方

　3人〜6人くらいで輪になって遊びましょう。オニ役以外の子どもたちは、両手を軽く握って、げんこつをつくり身体の前に出します。オニ役は歌に合わせて人差し指をみんなのげんこつの中へ入れていきます。歌の最後にオニ役の人差し指が入っている子どもが、次のオニ役となります。また、オニ役の指が途中で抜けなくなるようにして楽しむのもいいでしょう。その場合、指を握った子どもがオニ役となります。

　このわらべうたには、次のような物語が一説に伝えられています。「ある農家でズイキ（芋の茎）のゴマ味噌和えを作っていたところ、表通りに将軍様へ献上する"茶壺道中"が通りかかりました。驚いた家の人たちは急いで家の奥へと隠れます。静まりかえった家の納屋ではネズミが米俵をかじる音、井戸端では慌てたひょうしに茶碗を割ってしまう音、息を殺している中で様々な音が聞こえてきます。茶壺道中が去っていくまでの間、誰から呼ばれても外へ出てはいけない。」というお話です。

（田中）

だるまさん

だ る ま さん　　だ る ま さん　　に ら めっ こ し ま しょ

わ ら う と ま け よ　　あっ ぷっ　　　ぷ

あそび方

2人1組になり向かい合います。お互いの顔を見ながらにらめっこ合戦をして遊びましょう。

① だるまさん　だるまさん　にらめっこしましょ　わらうとまけよ

だるまさんのように身体を揺らしながら、お互いの顔を見て手拍子をする。

② あっ　ぷっ

お互いの顔が見えないように両手で顔を覆い隠す。

③ ぷ

両手を外すとユニークな顔になる。
そして、笑った人が負けになる。

その他のあそび方

わらべうたは地域によってリズムや音程が異なる場合があります。おきあがりこぼしをイメージして座りながら身体を揺らして楽しむこともできます。

（岡田泰子）

ちゃつぼ

ちゃちゃつぼ　ちゃつぼ　ちゃつぼにゃ　ふたがない　そこをとって　ふたにしよう

あそび方

　昔から親しまれているわらべうたです。ゆっくりとくり返しの動きを楽しみながら遊びましょう。はじめは簡単に片手でふたを上下にするだけにしましょう。

① ちゃ
左手をげんこつにして、その上に右手のひらを乗せて"ふた"にする。

② ちゃ
右手のひらを左手のげんこつの下にして、"そこ"にする。

③ つ
右手をげんこつにして、その上に左手のひらを乗せて"ふた"にする。

④ ぼ
左手のひらを右手のげんこつの下にして、"そこ"にする。

⑤ ちゃつぼ
①②③と同じ動作をし、休符部分はそのままにする。(右手のげんこつの上に左手のひらがのって"ふた"になる。)

⑥ ちゃつぼにゃ
④①②③と同じ動作。

⑦ ふたがない
④①②と同じ動作をし、休符部分はそのままにする。(左手のげんこつの下に右手のひらがきて"そこ"になる。)

⑧ そこをとってふたにしよう
③④①②③④①と同じ動作(左手のげんこつの上に右手のひらがきて"ふた"になる。)で終わる。

(植田)

ちょちちょちあわわ

ちょちちょち あわわ　かいぐりかいぐり　とっとのめ　おつむてんてん　ひじぽんぽん

あそび方
赤ちゃんとスキンシップをとりながら楽しみましょう。

① **ちょちちょち**
リズムに合わせて手を4回合わせる。

② **あわわ**
声が出るように手を口に3回あてる。

③ **かいぐりかいぐり**
腕を持ってかいぐりをする。

④ **とっとのめ**
手のひらを人差し指でつつく。

⑤ **おつむてんてん**
頭を両手でやさしく2回うつ。

⑥ **ひじぽんぽん**
ひじを両手でやさしく2回うつ。

その他のあそび方
　お座りができるようになったら、ひざの上に抱っこして遊びましょう。また、子どもが自分からまねできるようになったら、互いに向き合って遊びましょう。①〜⑥までの動きが変化するので、ゆっくりと止まりながら子どもの反応を見て遊びましょう。

（岡田泰子）

はないちもんめ

A:ふるさとまとめて　はないちもんめ　B:ふるさとまとめて
はないちもんめ　A:となりのおばさんちょいとおいで　B:お
　　　　　　　　A:おかまをかぶってちょいとおいで　B:お
　　　　　　　　A:ふとんをかぶってちょいとおいで　B:ふ
にがこわくていかれない
かまないからいかれない
とんボロボロいかれない　　　　A:たんすながもち
どのこがほしい　B:あのこがほしい　A:あのこじゃわからん
B:このこがほしい　A:このこじゃわからん　B:そうだんしよう
A:そうしよう　　　　　　A:かってうれしい
はないちもんめ　B:まけてくやしいはないちもんめ

あそび方

　2つのグループに分かれて遊びます。各グループは同じような人数になるように分かれましょう。2つのグループは向かい合ってそれぞれが一列になって手をつなぎうたい合います。
　楽譜の最後にあるフェルマータの部分では、相談した後、ジャンケンをします。ジャンケンに勝ったグループが負けたグループから1人もらいます。最後に人数の多い方が勝ちになるあそびです。

（松本）

ポコペン

ポ　コ　ペン　ポ　コ　ペン　だ　れ　が　つっ　つ　き　ま　し　た　か　ね　ポ　コ　ペン

あそび方

　二部構成のあそびを楽しみましょう。一部の歌あそびでは、オニ役が入れ替わる可能性を含んだおもしろさがあります。二部のあそびでは、かくれんぼ、缶けり、オニごっこに発展させることができます。

① まず、オニ役を決めます。オニ役は、自分の陣地を決め子どもたちに背を向けて目をつぶります。
② 歌をうたいながら、子どもたちは１人ずつオニ役の背中をつつきます。
③ うたい終わったところでオニ役はふり返り、最後に背中をつついた子どもを探します。
　　このとき、子どもたちはパフォーマンスをしてオニ役を迷わせるようにしましょう。
④ オニ役が最後に背中をつついた子どもを見つけたら、その子どもがオニ役になり①～③をくり返します。
　　また、見つけられなかったら、そのままオニ役となり次のあそびへと発展していきます。
⑤ かくれんぼの場合、オニ役は柱や壁に顔を伏せ、決められた数を数えます。
　　そして、数え終わったら、子どもたちを探します。
⑥ 子どもを見つけたら、「○○ちゃん、ポコペン」と言い、顔を伏せていた柱や壁まで走ります。
⑦ 名前を言われた子どもは、オニ役が顔を伏せていた柱や壁まで走りタッチして「ポコペン」と言います。
⑧ オニ役より子どもが速くタッチした場合は、オニ役の負けとなり⑤～⑦をくり返します。
　　子どもよりオニ役が速くタッチした場合は、柱や壁に手をつながれてしまいます。また、オニ役が全員を見つけることができたら、最初に見つかった子どもがオニ役となります。

その他のあそび方

　このようにうたわれる地域もあるようです。

ポ　コ　ペン　ポ　コ　ペン　だ　れ　が　つっ　つ　い　た　か　な　ポ　コ　ペン

（松本）

ひらいたひらいた

```
1. ひらいた ひらいた なんの はなが ひらいた れんげの はな が
2. つぼんだ つぼんだ なんの はなが つぼんだ れんげの はな が

   ひらいた ひらいたと おもったら いつのまにか つぼんだ
   つぼんだ つぼんだと おもったら いつのまにか ひらいた
```

あそび方

花が開いたり、閉じたりするように表現してみましょう。

① ひらいた　ひらいた　なんのはながひらいた
　れんげのはながひらいた

手をつなぎ反時計回りにうたいながら回る。

② ひらいたと思ったら

手をつなぎながら円の中心に集まる。

③ いつの間にかつぼんだ

小さく身体を寄せ合いながらしゃがむ。

④ つぼんだ　つぼんだ　なんのはながつぼんだ
　れんげのはながつぼんだ

しゃがんで小さくなりながら時計回りにまわる。

⑤ つぼんだとおもったら

そのまま立ち上がる。

⑥ いつのまにかひらいた

手をつなぎながら広がる。

その他のあそび方

　しゃがむところで、足を投げ出してすわり、身体を折り曲げてつぼむポーズもあります。この場合、花が開くときには、座りながら静かに床に背中を付けていきます。花が静かに開いていく感じを表現しましょう。

（加藤）

ほたるこい

ほ ほ ほたるこい こっちのみずは にがいぞ
こっちのみずは あまいぞ ほ ほ ほたるこい

あそび方

　オニ役の「ほたる」が輪の中に入ろうとするオニあそびです。まず、オニ役を2人くらい決め、3〜4人くらいで輪になるグループをいくつか作ります。そして、輪になったグループは歌をうたいながら時計回りで回ります。オニ役は、いろいろなグループに入ろうとして、つながれた手の下をくぐろうとします。

　オニ役が輪の中へ入ることができたら、最後の「ほたるこい」でしゃがみます。その後、輪になっている子どもたちからジャンケンで新しいオニ役を決めます。

　オニ役が輪の中へ入ることができなかったら、もう一度オニ役になります。

（岩佐）

ゆうびんやさん

ゆう びん や さん　おはよう さん　てがみが おちまし
た　ひろって あげましょ　1まい　2まい　3まい…

あそび方

　縄の持ち手は、円を描くように回します。小さな子どもたちと遊ぶときは、縄を1回転させず、肩までの高さで止めて半円を描くようにしましょう。跳び手は縄に足が引っかからないように跳びましょう。跳んだあと足が地面についたとき、手紙を拾うようにしゃがむことがポイントになります。跳ぶ回数を決めておいて、最後まで跳ぶことができたら回ってきた縄をまたいで終わりましょう。また、複数で一緒に跳ぶと楽しさが増します。

その他のあそび方

　小さな子どもたちだけで遊ぶときは、床に縄をまっすぐ置いたまま遊びましょう。また、リズムに合わせて矢印のように縄をジグザグに跳んでいくことも可能です。バランス感覚を養うとともに、縄跳びあそびへの導入になっていきます。

（岡田暁子）

第4章
手あそび・指あそび

Ⅰ．手あそび・指あそびの必要性

　手あそび・指あそびとは、子どもが手や指を使ったあそびのことです。人の生活において、身体的にも機能的にも、手と指を使った動作が大切なことはいうまでもありませんが、特に、言語的に未熟な幼児期には、手・指の機能によって自分の思いや意志の伝達を行うのです。したがって、手や指を使いながら遊ぶことは、子どもの日常生活を営む上でも非常に重要なことだといえるでしょう。

　また、手あそびや指あそびには、単に手先だけを動かす機能訓練だけではなく、脳の働きを促進させたり、自己表現力や想像力を豊かにしたり、子どもの成長にとって大変意義深いものがたくさんあります。感情面からは、親子間や保育者・子ども同士で手と手をふれたり、顔にふれたりして、子どもの心の安定をはかることができます。さらに、スキンシップによってお互いの信頼関係が生まれたり、子ども同士の友情関係が深まったりと、行動範囲や人間関係も自然に広がり、自己表現にも役立つことは人間形成の上からも大いに必要なことが理解できます。

　子どもにとっての手あそびや指あそびは、日常的に手や指で何かの形を表すだけではなく、手や指の動作を利用してそのものになりきり、楽しそうに表現して遊んでいるからこそ、今日まで必要とされ続けられてきているのでしょう。

　音楽と動きが一体となると、子どもの身体が自然にゆれることはよくあることです。たとえば、子どもはみんなリズムあそびが大好きです。だからこそ、自分が知っている音楽がきこえてくると、手をたたいたり、足踏みをしたり、心地よさそうに身体をゆすってリズムをとるのです。子どもの自然な動作を、子どもの好きな歌やわらべうたに合わせながら表現することは、あそびとして当然の流れかもしれません。

　次に年齢別の指導・援助について考えてみましょう。1歳児から2歳児頃は、特に大人のまねを喜ぶので、表現や動作も分かりやすいように配慮し、リズミカルにうたってあげましょう。

　3歳児から4歳児頃は仲間作りの盛んな時期なので、自分たちでルールを決めたり、人数を決めたりして、自分たちの好きな手あそびや指あそびを何回もくり返し楽しめるように指導しましょう。

　4歳児から5歳児頃は、知能的にも発達が著しい時期ですから、みんなで話し合ってゲームやジャンケンなどをして勝敗を決めたり、クラス全体で手あそびや指あそびをして楽しんだり、大きくふくらんで身体を使った動作まで発展するかもしれませんが、温かく見守り援助してあげましょう。やがて、保育者のピアノに合わせ、劇あそびまで発展するかもしれません。

　保育者は、常に年齢的発達を考慮しなければなりませんが、まずは子どもと一緒に楽しみながら自らが表現豊かに指導できるように心がけることが大切です。

（植田）

Ⅱ. あそびうた ②（手あそび・指あそび）

あおむしでたよ

作詞者・作曲者／不詳　編曲／木許 隆

［楽譜］

歌詞：
1. キャベツのなかからあおむしでた よよよよ ピッピッピッピッ とうさんあおむし ああああおおおおむむし した
2. キャベツのなかからあおむしでた よよよよ ピッピッピッピッ かあさんあおむし ああああおおおおむむし した
3. キャベツのなかからあおむしでた よよよよ ピッピッピッピッ にいさんあおむし ああああおおおおむむし した
4. キャベツのなかからあおむしでた よよよよ ピッピッピッピッ ねえさんあおむし ああああおおおおむむし した
5. キャベツのなかからあおむしでた よよよよ ピッピッピッピッ あかちゃんあおむし ああああおおおおありま した
6. キャベツのなかからあおむしでた よよよよ ピッピッピッピッ ちょうちょに ああああおおおおなりま した

あそび方　グーとパーを交互に繰り返しながら、親指から小指まで指をしっかり動かして遊びましょう。

① キャベツのなかから あおむしでた 
左手をグーと右手をパーにしてリズムに合わせて交互に組みかえる。

② よ 
左右の手をグーとグーで合わせる。

③ ピッピッ 
左右の親指を1本ずつ交互に立てる。

④ とうさんあおむし 
親指を出したまま左右にゆらす。

2番以降、指を替えてあそびましょう。
かあさんあおむし・・・・人差し指
にいさんあおむし・・・・中指
ねえさんあおむし・・・・薬指
あかちゃんあおむし・・・・小指

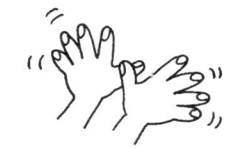

6番「ちょうちょになりました」では、両手の親指と親指を重ねて広げ、ひらひらさせながら自由に飛んでいきましょう。

その他のあそび方　2人1組みになり、向かい合わせで動作をした後に、ジャンケンをしても楽しめるでしょう。2番以降、「ピッピッ」の部分をくり返し、親指から順に指を立てていくようにすると、もっと表現がふくらみます。

（植田）

あくしゅでこんにちは

作詞／まどみちお　作曲／渡辺 茂　編曲／木許 隆

(楽譜)

1. てくてく　てくてく　あるいて　きて　あく　しゅ　で
2. もにゃもにゃ　もにゃもにゃ　おはなし　して　あく　しゅ　で

こんにちは／さようなら　ごきげん／またまた　いか／あし　がた／― ―

あそび方

指あそびだけでなく、動きのある表現あそびとしても用いられます。保育者として子どもとともにあそびを展開することも大切なことです。また、指あそびを始める前に、親指を立てて指の準備運動をするのもいいでしょう。

指あそび

1番

① てくてくてくてく　あるいてきて

親指を立て、手首を使って動かしながら両腕を胸の前にもってくる。

② あくしゅで

拍に合わせて親指を打ち合わせる。

③ こんにちは

親指を向かい合わせ、おじぎをするように曲げたり立てたりする。

④ ごきげんいかが

手首を使って交互に親指をふる。

2番

⑤ もにゃもにゃもにゃもにゃ　おはなしして

⑥ あくしゅで
②と同じ動作をする。

⑧ またまたあした

⑦ さようなら
③と同じ動作をする。

親指が会話しているように指先を細かくふる。

親指で手をふるしぐさをしながら、両腕を左右に離していく。

動きのある表現あそび（2人1組になって）

1番

① てくてくてくてく　あるいてきて

お互いの顔を見ながら、拍に合わせて歩み寄る。

② あくしゅで

握手を交わし、手を上下にふる。

③ こんにちは

握手した手を軽く上げながら、互いにおじぎをする。

④ ごきげんいかが

お互いの手をとりながら身体をゆらしたり、その場で回ったりする。

2番

⑤ もにゃもにゃもにゃもにゃ　おはなしして

⑥ あくしゅで
②と同じ動作をする。

⑧ またまたあした

⑦ さようなら
③と同じ動作をする。

両手を口元にあて、指を動かしながら話すしぐさをする。

手を左右にふりながら離れていく。

その他のあそび方

　親指だけでなく他の指でも遊びましょう。また、動きのある表現あそびでは、相手を変えて遊びましょう。そして、多くの人と友だちになりましょう。

（岩佐）

あたま・かた・ひざ・ポン

作詞／高田 三九三　イギリス民謡　編曲／木許 隆

あたま かた ひざ ポン　ひざ ポン ひざ ポン　あたま かた ひざ ポン　め みみ はな くち―

あそび方　両手を使って身体の様々な部分にふれ、動きのある表現あそびをしましょう。座った状態でも楽しめますが、立って遊ぶとより大きな動きを楽しむことができます。顔にふれるときなど、手の動きには十分注意しましょう。

① あたま 
両手を頭にのせる。

② かた 
両手を肩にのせる。

③ ひざ 
両手をひざにのせる。

④ ポン（手拍子） 
手のひらを打ち合わせる。

⑤ め 
目尻に手をそえる。

⑥ みみ 
耳に手をそえる。

⑦ はな 
鼻に手をそえる。

⑧ くち 
口に手をそえる。

その他のあそび方

最後の「め・みみ・はな・くち」の部分を身体の様々な部分にかえて遊んだり、テンポを速くしたりして遊びましょう。また、「ポン（手拍子）」の部分を「あし」にして、くるぶしにふれるようにすると動きが大きくなります。さらに、サイレント・シンギングを楽しむのもいいでしょう。

(松川)

あなたのおなまえは

作詞者不詳　インドネシア民謡　編曲／木許　隆

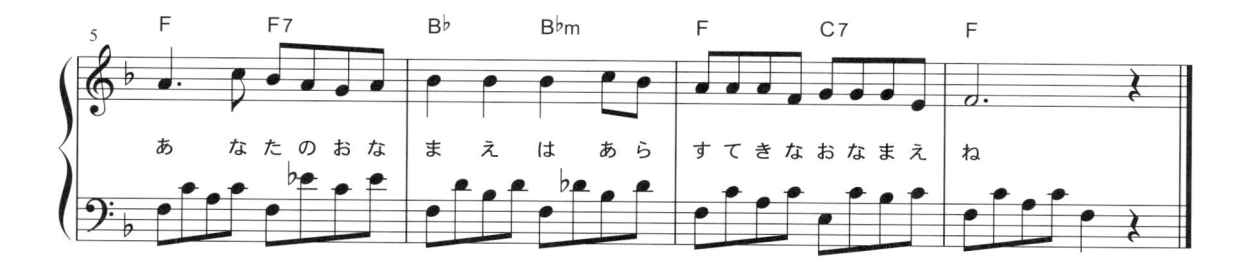

あ　なたのおな　まえは　あ　なたのおな　まえは

あ　なたのおな　まえは　あら　すてきなおなまえ　ね

あそび方

みんなで歌いながら一人ずつ自己紹介しましょう。歌を覚えたら子どもたちだけでも楽しむことができます。また、「おなまえ」の部分を「すきなもの」などに替えて楽しむのもいいでしょう。

① あなたのおなまえは

拍に合わせて手拍子をしながら、聞き手が歌う。

聞かれた子どもは名前を答える。
※曲を止めてやりとりする時間を十分にとる。

② あらすてきなおなまえね。

手拍子（握手）をする。

その他のあそび方

小さな子どもは、ひざの上にのせ、手をとりながら楽しむことができます。また、目線を合わせて優しく身体にふれながら歌いかけることも大切なことです。

（岡田暁子）

第4章　手あそび・指あそび

1丁目のドラネコ

作詞／阿部 直美　作曲／阿部 直美　編曲／木許 隆

1ちょめの　ドラねこ　2ちょめの　クロねこ　3ちょめの
ミケねこ　4ちょめの　トラねこ　5ちょめの　ネズミは
おいかけ　られて　あわてて　にげこむ　あなのな　かニャオー

あそび方

子どもが指を使って数を覚えるきっかけになる手あそびです。ゆっくりと指さしながらうたいましょう。

① 1ちょめのドラねこ　右手の人差し指で、左手の親指を4回たたく。

② 2ちょめのクロねこ　左手の人差し指を4回たたく。

③ 3ちょめのミケねこ　右手の人差し指で、左手の中指を4回たたく。

④ 4ちょめのトラねこ　右手の人差し指で、左手の薬指を4回たたく。

⑤ 5ちょめのネズミは　右手の人差し指で、左手の小指を4回たたく。

⑥ おいかけられて　両手の人差し指をまげ、右に動かす。

⑦ あわててにげこむ　両手の人差し指をまげ、左に動かす。

⑧ あなのなか　右手の人差し指を、左手でつくった輪の中に入れる。

⑨ ニャオー　両手でネコの耳を作り、頭の上へ持っていく。

その他のあそび方

ネコの名前をいろいろと替えて歌ってみましょう。また、2人組になり、A（ネズミ）がB（ネコ）の指先をたたきます。「おいかけられて」では、AがBの身体をあちこち両手の人差し指でさわります。「あなのなか」では、AはBが作った穴に人差し指を入れ、「ニャオー」と同時に、BはAの指を握り、Aは捕まらないように素早く指を引き抜くようなゲームも楽しめます。

（奥田）

1ぴきの野ねずみ

作詞／鈴木 一郎　イギリス民謡　編曲／木許 隆

[楽譜]

歌詞: 1ぴきの のねずみが あなのなか とびこんで チュ チュッチュチュチュチュ チュッチュチュッと おおさわぎ

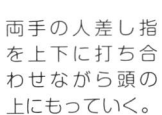

あそび方

1本指から5本指までを合わせることによって、手を打つことを楽しみましょう。

① 1ぴきの 
両手を後ろにかくし、音楽に合わせ、右手の人差し指をだす。

② のねずみが 
左手でネズミをつくる。

③ あなのなか 
左手でつくったネズミを横にする。

④ とびこんで 
左手のあなの中へ右手の人差し指を入れる。

⑤ チュチュッチュ チュチュチュ チュッチュチュッと 
両手の人差し指を上下に打ち合わせながら頭の上にもっていく。

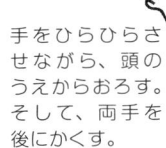

⑥ おおさわぎ 
手をひらひらさせながら、頭のうえからおろす。そして、両手を後にかくす。

このあと、ねずみが1匹ずつ増えていき、5本指まで遊びます。

その他のあそび方

大きさなど様々なネズミを描写し、テンポや拍子（6/8拍子など）を変化させ、遊ぶことができるでしょう。また、「のねずみ」のところを「のうさぎ」に替え、替えうたあそびとして楽しむこともできます。

例：1羽の野ウサギが・・・ピョピョンピョピョピョピョ・・・
　　1羽のニワトリが・・・ココッココココ・・・
　　1頭のゾウさんが・・・ドドンドドドド・・・

（加藤）

5つのメロンパン

訳詞／中川 ひろたか　イギリス民謡　編曲／木許 隆

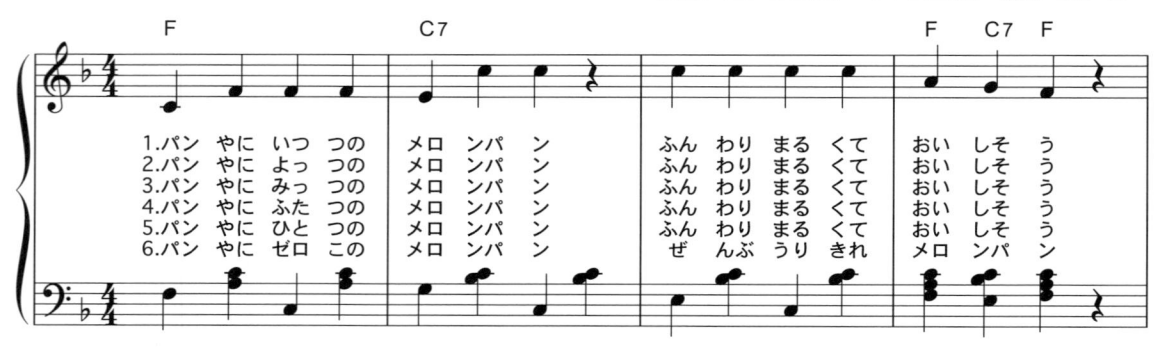

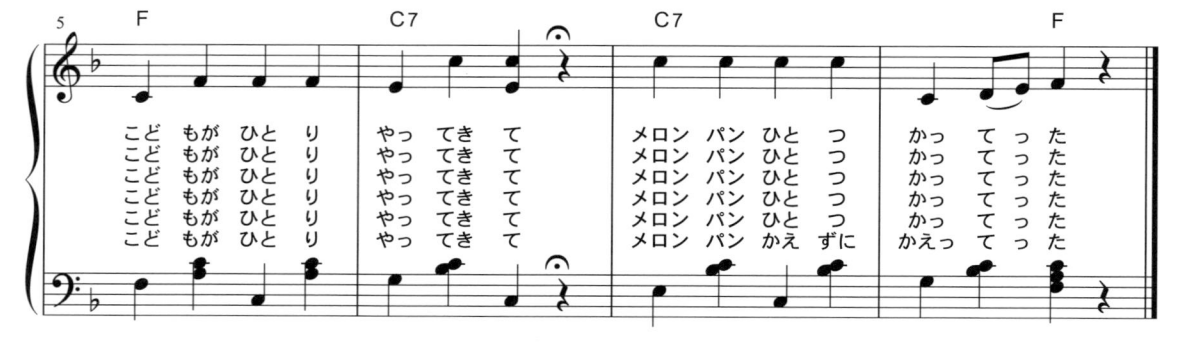

歌詞

1. パンやに いつつの メロンパン ふんわりまるくて おいしそう
2. パンやに よっつの メロンパン ふんわりまるくて おいしそう
3. パンやに みっつの メロンパン ふんわりまるくて おいしそう
4. パンやに ふたつの メロンパン ふんわりまるくて おいしそう
5. パンやに ひとつの メロンパン ふんわりまるくて おいしそう
6. パンやに ゼロこの メロン ぜんぶうりきれ メロンパン

こどもが ひとり やってきて メロンパン ひとつ かってった
こどもが ひとり やってきて メロンパン ひとつ かってった
こどもが ひとり やってきて メロンパン ひとつ かってった
こどもが ひとり やってきて メロンパン ひとつ かってった
こどもが ひとり やってきて メロンパン ひとつ かってった
こどもが ひとり やってきて メロンパン かえずに かえった

あそび方　両手を十分に使い、手の表現と台詞によるかけ合いを楽しみましょう。

1番

① パンやに 
拍に合わせて手を2回うつ。

② いつつのメロンパン 
両手の指を5本立てて（パー）左右に振る。

③ ふんわりまるくて 
ふんわりまるいパンをイメージしながら、両手でパンの形をつくる。

④ おいしそう 
両手をほおにあてるなどして、美味しそうな表情をつくる。

⑤ こどもがひとりやってきて 
左手は指を5本立て、右手の人差し指を子どもに見立てて近づける。

第4章

98

⑥ （セリフ）おばさんメロンパンひとつちょうだい
　（セリフ）はいどうぞ

子ども（右手）の人差し指で会話するしぐさをし、最後に左手の親指を折る。

⑦ メロンパンひとつかってった

子どもの人差し指が帰っていくしぐさをする。

2番

⑧ パンやに

拍に合わせて手を2回うつ。

⑨ よっつのメロンパン

両手の指を4本立てて左右に振る。以下、5番までメロンパンの数に合わせて立てる指の数を減らしながら動作をくりかえす。

6番

⑩ パンやに

拍に合わせて手を2回うつ。

⑪ ゼロこのメロンパン

両手の指を全て折り（グー）左右に振る。

⑫ ぜんぶうりきれメロンパン

両腕をのばして左右に振る。

⑬ こどもがひとりやってきて

左手は指を全て折り、右手の人差し指を子どもに見立てて近づける。

⑭ （セリフ）おばさんメロンパンひとつちょうだい
　（セリフ）ごめんね　もうないの

両手の人差し指を立て、困った表情をつくりながら指を動かす。

⑮ メロンパンかえずにかえってった

左手は指を全て折り、右手で子どもの人差し指が帰っていくしぐさをする。

その他のあそび方

「パン屋に5つのメロンパン」と「子ども（右手の人差し指）」の部分を「畑に5個のキャベツさん」と「イモムシ」や「畑に5本のきゅうりさん」と「スズムシ」、「森に5つの木の実さん」と「クマさん」など、様々な組み合わせで替え歌をつくって楽しみましょう。また、右手の人差し指にも表情を持たせるつもりで表現してみましょう。

（岡田暁子）

いっぽんばし にほんばし

作詞／湯浅 とんぼ　作曲／中川 ひろたか　編曲／木許 隆

1. いっぽんばし いっぽんばし おやまになっちゃった た
2. にほんばし にほんばし めがねになっちゃった た
3. さんぼんばし さんぼんばし くらげになっちゃった た
4. よんほんばし よんほんばし おひげになっちゃった た
5. ごほんばし ごほんばし ことりになっちゃった た

あそび方

5本の指を組み合わせて形を作っていく手あそびです。低年齢の子どもは、ひざにのせて一緒にあそんだり、子どもと向き合って手あそびをするなど、気軽に楽しむことができます。

1番

① いっぽんばし 
右手の人差し指を前に出す。

② いっぽんばし 
左手の人差し指を前に出す。

③ おやまになっちゃった 
両方の指先をつけ、山をつくる。

2番

④ にほんばしにほんばし 
1番と同様に片手ずつ2本の指を出す。

⑤ めがねになっちゃった 
両手を目にあて、めがねをつくる。

3番

⑥ さんぼんばしさんぼんばし 
1番と同様に片手ずつ3本の指を出す。

⑦ くらげになっちゃった 
両手首を下に向け、左右にゆらし、くらげをつくる。

4番

⑧ よんほんばしよんほんばし 
1番と同様に片手ずつ4本の指を出す。

⑨ おひげになっちゃた 
両手を交差させ、口の横にあて、ひげをつくる。

5番

⑩ ごほんばしごほんばし 
1番と同様に手をひらき、片手ずつ出す。

⑪ ことりになっちゃった 
両手の親指をひっかけ、他の指を動かし、小鳥をつくる。

その他のあそび方

5番の「ごほんばし」は、「ことり」の他に「ちょうちょう」「おほしさま」「おばけ」や「ひこうき」など、ヴァリエーションをつくることができます。また、5番に続けて、6〜10番もつくってみましょう。
年長の子どもと一緒に、他にどんな形を作ることができるのかなど、アイディアを出し合い、オリジナル手あそびを考えましょう。子どもたちの意欲や興味を引き出すことができ、創造性を育むこともできます。

（菊池）

いとまき

作詞者不詳　デンマーク民謡　編曲／木許 隆

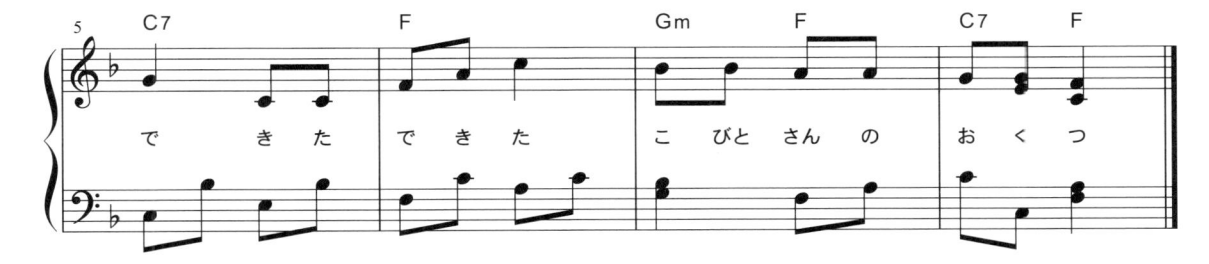

あそび方

いろいろな歌詞をつけ、親しまれている曲です。どんなくつができるのか楽しみですね。

① いとまきまき　いとまきまき

両手でげんこつをつくり、胸の前でかいぐりをする。

② ひいてひいて

げんこつを大きく左右に引く。

③ とんとんとん

げんこつを上下交互に3回合わせる。

④ いとまきまき
　いとまきまき
　ひいてひいて
　とんとんとん

①〜③と同じ動作をする。

⑤ できたできた

拍に合わせて手拍子をする。

⑥ こびとさんの

両手をひらひらさせながら頭の上からおろす。

⑦ おくつ

両手で小さな輪をつくり、小人の靴を表現する。

その他のあそび方

　2人1組で向かい合って遊ぶときには、曲の最後に「はい、どうぞ。」「ありがとう。」というような会話をつけても楽しいでしょう。また、靴の色や形、大きさなどを考えて、歌詞を替えるのもいいでしょう。

（岩佐）

第4章　手あそび・指あそび

いわしのひらき

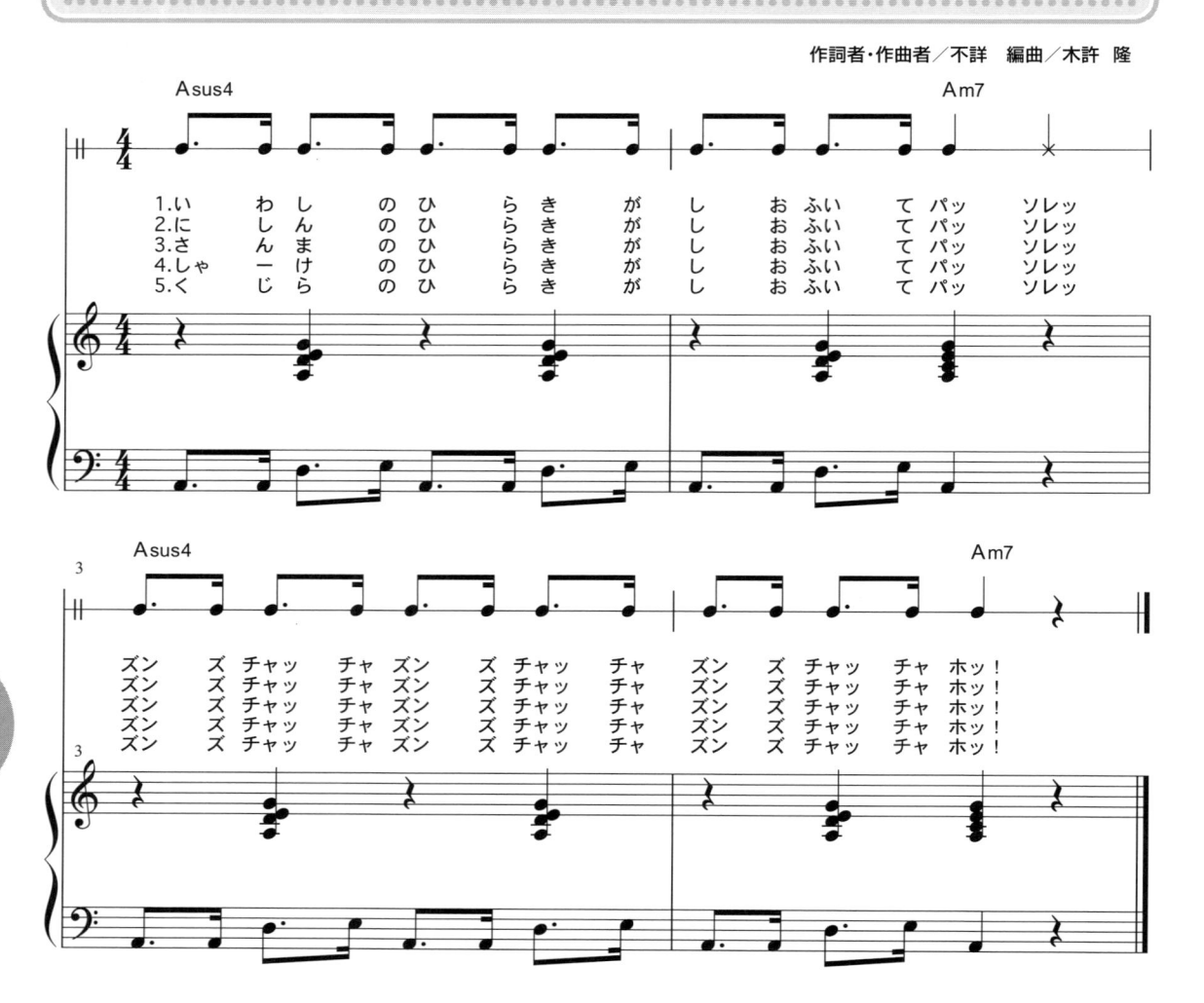

作詞者・作曲者／不詳　編曲／木許 隆

（楽譜）

歌詞：
1. いわしの しんけん のびひらき きらきら がきがき しし おおおお ふいふいふい てててて パッパッパッ ソレッソレッソレッ
2. にしんの しんまけ のびひらき きらきら がきがき しし おおおお ふいふいふい てててて パッパッパッ ソレッソレッソレッ
3. さんまの じら のびひらき きらきら がきがき しし おおおお ふいふいふい てててて パッパッパッ ソレッソレッソレッ
4. しゃけの のびひらき
5. くじらの

ズンズン ズズ チャッチャッ チャチャ ズンズン ズズ チャッチャッ チャチャ ズンズン ズズ チャッチャッ チャ ホッ！

あそび方

リズムとことばがピッタリはまって何度でも遊びたくなる手あそびです。「ズンズチャッチャ〜ホッ！」のリズムと身体の動きはノリよく楽しみましょう。また、「クジラ」は大きさを十分に表現して、ゆっくりと動くといいでしょう。

① いわしの
手の甲を上にして腕を前にのばし、両手の人差し指を立ててくっつける。

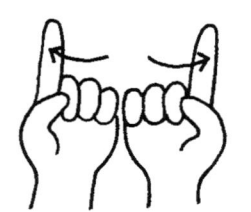

② ひらきが
手のひらが上になるようにひっくり返す。

③ しおふいて

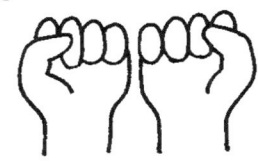

腕を曲げて両手を握る。

④ パッ！

勢いよく両手を開く。

⑤ ズンズチャッチャ

波をつくるように両手を同じ方向へゆらゆら動かす。

⑥ ズンズチャッチャ

⑤と反対方向へ両手を動かす。

⑦ ズンズチャッチャ

⑤と同じ動作をする。

⑧ ホッ！

手の甲をほおの横にあてポーズをきめる。

2番　にしん

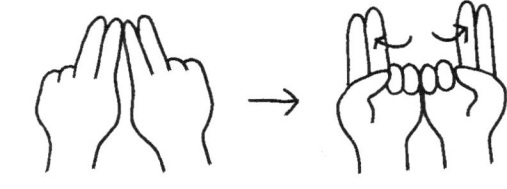

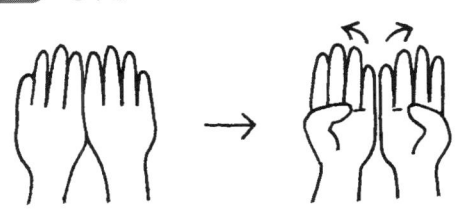

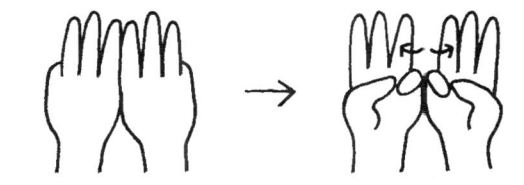

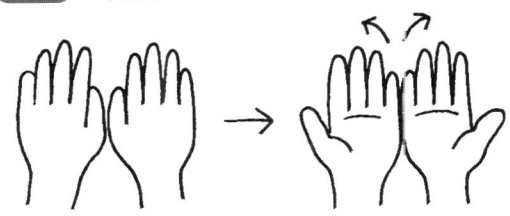

3番　さんま

4番　しゃけ

5番　くじら

（岡田暁子）

第4章　手あそび・指あそび

おにのパンツ

作詞者不詳　作曲／L.デンツァ　編曲／木許 隆

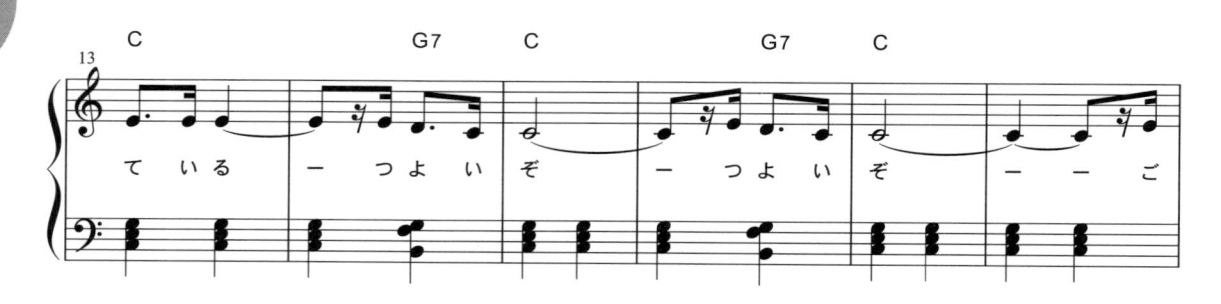

歌詞：
おに—のパンツはいいパンツ —つよいぞ —つよいぞ —トラ—のけがわでできている —つよいぞ —つよいぞ —ご—ねんはいてもやぶれない —つよいぞ

B Em G D G D
ー つよい ぞ ー ー じゅう ね ん はい て もやぶ
G D G D G
れ なぃ ー つよい ぞ ー つよい ぞ ー
G
はこう はこう お にのパ ン ツ はこう はこう お
C E Am E Am
にのパ ン ツ あなた も あなた も あなた も あなた も
F C G7 C
ー みんなで はこう お にのパ ン ツ

あそび方

軽快なリズムにのせながら、動作を付けて楽しむあそびうたです。少々、まちがった動作をしても気にせず、テンポに合わせて表現しましょう。

① おにの 
両手の人差し指で頭の上におにの角を作る。

② パン 
拍手を1回する。

③ ツは 
片手の人差し指と中指でチョキの形にする。

④ いい 
片手の人差し指で「1」を示す。

⑤ パン
②と同じ動作をする。

⑥ ツ
③と同じ動作をする。

⑦ つよいぞ つよいぞ 
両腕を体の横で曲げ、上下に力強く動かす。

⑧ トラのけがわで できている 
おなかに手を当て円を描く動作をする。

⑨ つよいぞ つよいぞ 
⑦と同じ動作をする。

⑩ ごねん 
片手をひらき5本の指を出す。

⑪ はいても 
パンツをはくしぐさをする。

⑫ やぶれない 
片手のひらを立て、左右にふる。

⑬ つよいぞ つよいぞ 
⑦と同じ動作をする。

⑭ じゅうねん 
両手をひらき10本の指を出す。

⑮ はいても
⑪と同じ動作をする。

⑯ やぶれない
⑫と同じ動作をする。

⑰ つよいぞ つよいぞ
⑦と同じ動作をする。

⑱ はこうはこう
⑪と同じ動作を2回くり返す。

⑲ おにの パンツ
①〜③と同じ動作をする。

⑳ はこうはこう おにのパンツ
⑱〜⑲と同じ動作をする。

㉑ あなたも あなたも あなたも あなたも 
人差し指で回りを指す。

㉒ みんなで 
両手を上げて円をえがく。

㉓ はこう おにのパンツ
⑪・⑲と同じ動作をする。

その他のあそび方

低年齢児には向かい合って座り、子どもの手をとって一緒にあそびを楽しみましょう。

（植田）

大きなくりの木の下で

作詞者不詳　イギリス民謡　編曲／木許 隆

あそび方
2人1組になって向かい合い、身体全体を大きく動かして遊びましょう。相手を指すところは、手の動きに十分注意しましょう。

① おおきな
大きな木をイメージし、頭の上で腕を広げる。

② くりの
くりの実をイメージし、頭の上で両手を合わせる。

③ きの
両手を頭にあてる。

④ した
両手を肩にあてる。

⑤ で
両手をひざにあてる。

⑥ あなたと
手のひらを上にし、相手を指す。

⑦ わたし
人差し指で自分を指す。

⑧ なか
右手を左肩にあてる。

⑨ よく
左手を右肩にあて、両手を交差させる。

⑩ あそびましょう 
身体を左右にゆらす。

⑪ おおきなくりのきのしたで
①〜⑤と同じ動作をする。

その他のあそび方
「大きな」の部分を「小さな」や「中くらいの」などに替え、身体の動きや歌声を工夫して遊びましょう。また、「くりの木」の部分を様々な木に替え、その木の特徴をつかんだ表現を楽しみましょう。

（田中）

第4章　手あそび・指あそび

おべんとうばこのうた

わらべうた　編曲／木許 隆

これくらいの　おべんとばこに　おにぎりおにぎり　ちょっとつめて

きざーみしょうがに　ごましおふって　にんじんさん　ごぼーうさん

あなーのあいた　れんこんさん　すじーのとおった　ふき

あそび方

子どもは、お弁当や給食の時間を楽しみにしています。「おべんとう」の歌と併用して、楽しい食事の時間を迎えられるようにしましょう。

① これくらいの　おべんとうばこに 
両手の人差し指で四角(弁当箱)を2回えがく。

② おにぎり　おにぎり　ちょっとつめて 
両手を少し丸め、おにぎりを作るしぐさと、おにぎりを弁当箱につめるしぐさをする

③ きざみしょうがに 
左手をまな板、右手を包丁に見たて、ショウガを切るしぐさをする。

④ ごましおふって 
ごま塩を指先でつまんでふりかけるしぐさをする。

⑤ にんじん 
右手の人差し指・中指で「2」を示す。

⑥ さん 
左手の人差し指・中指・薬指で「3」を示す。

⑦ ごぼう 
右手をひらき5本の指を出す。

⑧ さん 
⑥と同じ動作をする。

⑨ あなのあいた 
両手の親指と人差し指で輪をつくり、メガネのような形でクルクルまわす。

⑩ れんこん
右手の親指と人差し指で輪をつくり「0」を示す。

⑪ さん 
⑥と同じ動作をする。

⑫ すじのとおった 
左手首から肩の方へ右手ですじをひくようにこする。

⑬ ふき 
左手のひらの上にフーと息を吹きかけ、「き」で左手を前に出す。

その他のあそび方

「ごましおふって」の部分は、「ごましおぱっぱ」や「ごまふりかけて」とうたわれる地域もあります。「にんじんさん」と「ごぼうさん」の間に、「さんしょうさん(さくらんぼさん)、しいたけさん」とうたわれる地域もあります。ぞうさんのお弁当やネズミさんのお弁当など、様々な大きさのお弁当を作ることや、お弁当の中身を変えてうたうことでも楽しめます。

例：　これくらいの　お弁当箱（バスケット）に
　　　サンドイッチ　サンドイッチ　ちょっとならべ
　　　からしバターに　粉チーズパッパッ
　　　トマトさん　ハムさん　きゅうりさん　穴のあいたマカロニさん
　　　すじの通ったベーコン
　　　デザートは　イチゴ　バナナ　3時のおやつは　パンと牛乳
　　　お夜食は　ミルク　ハンバーグにスパゲッティ　めしあがれ

(奥田)

おむねをはりましょ

作詞者・作曲者／不詳　編曲／木許 隆

(歌詞)
おむねを はりましょ のばしましょう おてては りょうほう うしろに くんで ぐっと おむねを はりましょう りっぱな せいに なりました

あそび方　話をきく前や、あいさつをする時など、背筋を伸ばして無理のない姿勢をつくりましょう。また、椅子にしっかり腰かけてからうたいましょう。

① おむねをはりましょ
のばしましょ 
背筋を伸ばし、
両手で胸をなでる。

② おててはりょうほう
うしろでくんで 
両手を背中で組む。

③ ぐっとおむねを
はりましょう 
両手を背中で組んだまま後ろ
へ伸ばし、胸をはる。

④ りっぱなせいに
なりました 
ゆっくりと両手をひざの上に
置き、ひざを合わせる。

その他のあそび方
良い姿勢をつくることの大切さを伝え、子どもができたときには、しっかりほめましょう。　（岩佐）

カレーライスのうた

作詞／ともろぎゆきお　作曲／峯 陽　編曲／木許 隆

1. にんじん（にんじん）たまねぎ（たまねぎ）じゃがいも（じゃがいも）ぶたにく（ぶたにく）お
2. おしお（おしお）カレールー（カレールー）いれたら（いれたら）あじみて（あじみて）お
3. ムシャムシャ（ムシャムシャ）モグモグ（モグモグ）おみずも（おみずも）ゴクゴク（ゴクゴク）そ

なべで（おなべで）いためて（いためて）ぐつぐつにはいできあがり　しょうり（どうぞ）
しょうを（こしょうを）いれたら（いれたら）まもりもりわいてきた　た（ポーズ）
したら（そしたら）ちからが（ちからが）

あそび方　2人1組で向き合い、かけ合いの楽しさを味わいながら遊びましょう。

1番
① にんじん — 両手をチョキにして左右にふる。
② たまねぎ — 両手を丸めてタマネギの形をつくる。
③ じゃがいも — 両手をグーにして左右にふる。
④ ぶたにく — 右手人差し指を鼻にあて、ブタの鼻にする。
⑤ おなべでいためて — 左手で鍋を持ち、右手で炒めるしぐさをする。
⑥ ぐつぐつにましょう — 両手を交互に開いたり閉じたりする。

2番
⑦ おしお — 両手で塩をふりかけるしぐさをする。
⑧ カレールー — カレールーを割るしぐさをする。
⑨ いれたら — カレールーを鍋に入れるしぐさをする。
⑩ あじみて — 右手の人差し指をなめるしぐさをする。
⑪ こしょうをいれたら — 右手でこしょうを入れるしぐさをする。
⑫ はいできあがり — 拍手を4回し、両手を前に出して料理を出す。

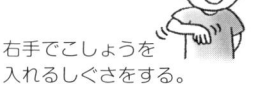

3番
⑬ ムシャムシャモグモグ — 左手をカレーの入ったお皿、右手をスプーンにして食べるしぐさをする。
⑭ おみずもゴクゴク — 右手でコップを持ち、水を飲むしぐさをする。
⑮ そしたらちからが — ガッツポーズをする。
⑯ もりもりわいてきた — ガッツポーズした腕を、左右交互に動かす。

その他のあそび方　2番の歌詞を「トマト・カレールー・とけたらあじみて・おしぉをいれたら・はいできあがり」とうたわれる地域もあるようです。

（高御堂）

第4章　手あそび・指あそび

くいしんぼうのゴリラ

作詞／阿部 直美　作曲／おざわ たつゆき　編曲／木許 隆

1. くいしんぼうの ゴリラが バナナを みつけた かわむいて かわむいて パックンと たべた ドンドコドンドン ドンドコドンドン おー うまい
2. くいしんぼうの ゴリラが レモンを みつけた かわむいて かわむいて パックンと たべた ドンドコドンドン ドンドコドンドン おー すっぱい
3. くいしんぼうの ゴリラが たまねぎ みつけた かわむいて かわむいて かわむいて かわむいて たべるところが なくなった ドンドコドンドン ドンドコドンドン ウェーン ウェーン

> **あそび方**　ゴリラになった気持ちで遊んでみましょう。身体の大きなゴリラのようにダイナミックに、そして表情豊かに表現してみましょう。

1番

① **くいしんぼうのゴリラが**

手拍子を4回する。
（手拍子1回、お腹の脇を3回たたくという動作でもよい。）

② **バナナをみつけた**
①と同じ動作をする。

③ **かわむいて　かわむいて**

片手でバナナを持ち、もう片方の手で皮をむくしぐさをする。

④ **パックンとたべた**

バナナを持った手を高く上げ、口を大きくあけてパクリと食べるしぐさをする。

⑤ **ドンドコドン　ドン　ドンドコドン　ドン**

リズムに合わせて胸をたたく。

⑥ **おーうまい**

両手を大きく回してほおにあて、とってもおいしい表情をつくる。

2番　歌詞は若干違うが、動きは1番と同じ。

⑦ **おーすっぱい**

両手を大きく回して口元にあて、すっぱい表情をつくる。

3番　歌詞は若干違うが、動きは1番と同じ。

⑧ **ウエーンウエーン**

泣くしぐさをする。

> **その他のあそび方**　他にいろいろな食べ物のむき方や、顔の表情を表現してみましょう。また、ゴリラだけではなく、いろいろな動物のしぐさをするのもおもしろいでしょう。

（菊池）

グーチョキパーでなにつくろう

作詞者不詳　フランス民謡　編曲／木許　隆

1.グー　チョキ　パー　で　グー　チョキ　パー　で　なに　つく　ろう　なに　つく　ろう
2.グー　チョキ　パー　で　グー　チョキ　パー　で　なに　つく　ろう　なに　つく　ろう
3.グー　チョキ　パー　で　グー　チョキ　パー　で　なに　つく　ろう　なに　つく　ろう

みぎ　て　が　チョキ　で　ひだ　り　て　が　チョキ　で　か　に　さん　か　に　さん
みぎ　て　が　パー　で　ひだ　り　て　が　パー　で　ちょう　ちょ　ちょう　ちょ
みぎ　て　が　チョキ　で　ひだ　り　て　が　グー　で　かた　つむ　り　かた　つむ　り

あそび方　グー、チョキ、パーの手を組み合わせることによって、様々な形をつくりましょう。

① グー 
両手をグーの形にする。

② チョキ 
両手をチョキの形にする。

③ パー 
両手をパーの形にする。

④ なにつくろう　なにつくろう 
両手を開き胸の前で左右に振る。
（手を後ろに隠してもよい。）

⑤ みぎてが〇〇で
　 ひだりてが〇〇で
右手、左手をそれぞれの形にして出す。

⑥ かにさん 
両手をチョキにして左右に振る。

⑦ ちょうちょ 
両手をパーにする。そして、親指を重ねヒラヒラさせる。

かたつむり 
右手のチョキの上に左手のグーをのせ、ゆっくり動かす。

その他のあそび方

グー、チョキ、パーの組み合わせによってどのようなものが表現できるでしょうか。下の表に様々なアイデアをまとめてみましょう。

		右手		
		グー	チョキ	パー
左手	グー			
	チョキ			
	パー			

（田中）

第4章

こぶたぬきつねこ

作詞／山本 直純　作曲／山本 直純　編曲／木許 隆

| **あそび方** | リーダーと他の子どもたちに分かれて、まねっこあそびをしましょう。また、しりとりあそびに発展させるのもおもしろいでしょう。 |

① こぶた（ブブブ）
指先で鼻の頭を押して、こぶたのまねをする。

② たぬき（ポンポコポン）
両手をグーにしてお腹をたたき、たぬきのまねをする。

③ きつね（コンコン）
指先で目尻を上げ、きつねのまねをする。

④ ねこ（ニャーオ）
両手をグーにして、ねこのまねをする。（両手でひげをつくる表現もある。）

| **その他のあそび方** | 歌の速さを変えて楽しみましょう。また、ほかの動物を表現してみるのもいいでしょう。 |

（岡田泰子）

第4章　手あそび・指あそび

コロコロたまご

作詞者不詳　作曲者不詳　編曲／木許　隆

1. コロコロたまごはごはよ　おりこうさんコケッコー　コロコロしてたな　たららたら　ひよこになっちゃった　コケコッコー　あさですよ
2. ピヨピヨひよこはごはよ　おりこうさんコケッコー　ピヨピヨしてたな　たららたら　コケコになっちゃった　よがあけ
3. コロコロピヨピヨ　おりこうさんコケッコー　コケコッコー

あそび方　2人1組で向かい合って遊びましょう。小さな子どもはひざの上にのせて手をとりながら遊びましょう。大勢で遊ぶときには、周りの人に手があたらないように十分注意しましょう。

1番

① コロコロたまごは 
かいぐりをする。

② おりこうさん 
グーにした手をもう一方の手でなでる。

③ コロコロしてたら 
①と同じ動作をする。

④ ひよこになっちゃった 
親指と人差し指をつけ、小さなくちばしをつくり動かす。

2番

⑤ ピヨピヨひよこは 
④と同じ動作をする

⑥ おりこうさん 
ひよこにした手をもう一方の手でなでる。

⑦ ピヨピヨしてたら 
④と同じ動作をする。

⑧ コケコになっちゃった 
親指とその他の4本の指で大きなくちばしをつくり動かす。

3番

⑨ コロコロ 
①と同じ動作をする。

⑩ ピヨピヨ 
④と同じ動作をする。

⑪ コケコッコー　コケコがないたら 
⑧と同じ動作をする。

⑫ よがあけた 
両手をひらひらさせながら、頭の上からおろす。

その他のあそび方　くちばしにした手を口の前で動かしたり、くちばしの代わりに手を使って「小さな羽」や「大きな羽」をつくったりして表現するのも楽しいでしょう。

（松川）

こんなことできますか

作詞者不詳　作曲者不詳

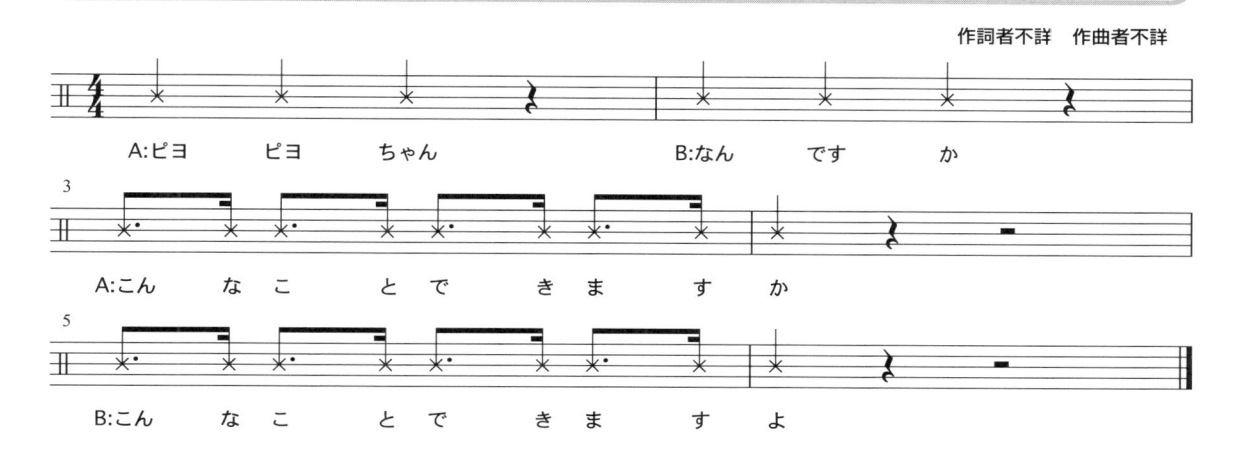

A:ピヨ　ピヨ　ちゃん　　B:なん　です　か

A:こん　な　こ　と　で　き　ま　す　か

B:こん　な　こ　と　で　き　ま　す　よ

あそび方　2人1組になってまねっこあそびを楽しみましょう。Aは変わった動作をして「こんなことできますか」と問いかけます。そして、Bは「こんなことできますよ」と言って同じ動作で答えます。

① ピヨピヨちゃん（相手の名前でも良い。）

ひよこのまねをしながら（拍に合わせて手拍子をしながら）、相手を呼ぶ。

② なんですか

①と同じ動作をしながら答える。

③ こんなこと　こんなこと　できますか

好きな動作をする。（いくつかあってもいい。）

④ こんなこと　こんなこと　できますよ

③と同じ動作をしながら答える。

その他のあそび方　手あそびとしても、身体全体を使った表現あそびとしても楽しめます。また、大勢で遊ぶこともできます。何度かくり返して、動作が複雑なものになっていくと、よりおもしろさが増すでしょう。

（松川）

ごんべさんのあかちゃん

作詞者不詳　アメリカ民謡　編曲／木許　隆

（楽譜：B♭ - E♭ - B♭ / B♭ - D - Gm - Cm - F - B♭ - E♭ - B♭）

歌詞：ごんべさんのあかちゃんが　かぜひいた　ごんべさんのあかちゃんが　かぜひいた
ごんべさんのあかちゃんが　かぜひいた　そこーであわてて　しっぷした

あそび方　子どもと向かい合って楽しく表現しましょう。

① ごんべさんの 
両手でほおかむりをし、首のところで結ぶしぐさをする。

② あかちゃんが 
あかちゃんを抱いているしぐさをする。

③ かぜひいた（クシュン） 
両手で鼻と口に手をあて、休符の部分で、クシャミをするしぐさをする。

④ ごんべさんのあかちゃんがかぜひいた
①〜③と同じ動作を2回くり返す。

⑤ そこであわてて 
手拍子を4回する。

⑥ しっぷし
右手（左手）を左胸（右胸）にあてる。

⑦ た
⑥の動作のまま、左手（右手）を右胸（左胸）にあてて腕を交差させる。

その他のあそび方

　サイレント・シンギングの部分をつくって遊ぶこともできます。また、いろいろなテンポで表現しても楽しめるでしょう。
　ごんべさんが慌てて、赤ちゃんの額にしっぷしてしまう地域もあるようです。この場合、「しっぷした」の部分で、額に手をあてる動作をしましょう。

（奥田）

第4章

さかながはねて

作詞／中川 ひろたか　作曲／中川 ひろたか　編曲／木許 隆

1. さかながはねて　はねて　ピョン　あたまにくっついた　ぼうし
2. さかながはねて　はねて　ピョン　おなかにくっついた　デベソ
3. さかながはねて　はねて　ピョン　おむねにくっついた　オッパイ

あそび方　魚が跳ねる様子を表現しましょう。また、身体にくっつく部分を変えて楽しみましょう。

1番

① さかながはねて
お腹の前で両手を合わせ、魚が泳ぐしぐさをする。

② ピョン 
両手合わせたまま頭の上にもっていき、ジャンプする。

③ あたまに 
両手を頭にのせ、しゃがむ。

④ くっついた 
ゆっくり立ち上がる。

2番

⑤ ぼうし 
帽子をかぶるしぐさをする。

⑥ さかながはねてピョン
①②と同じ動作をする。

⑦ おなかに 
両手でお腹をかくし、背中を丸める。

⑧ くっついた 
背中を伸ばす。

3番

⑨ デベソ 
左右交互にお腹をたたく。

⑩ さかながはねてピョン
①②と同じ動作をする。

⑪ おむねに 
両手で胸をかくし、背中を丸める。

⑫ くっついた 
背中を伸ばす。

⑬ オッパイ 
両手を胸に合わせる。

（高御堂）

第4章　手あそび・指あそび

ちいさな庭

作詞者不詳　作曲者不詳　編曲／木許 隆

1. ちいさなにわを　よくたがやして　ちいさなたねを　まきました
2. ちゅうくらいのにわを　よくたがやして　ちゅうくらいのたねを　まきました
3. おおきなにわを　よくたがやして　おおきなたねを　まきました

ぐんぐんのびて　はるになって　ちいさなはなが　さきました　ポッ
ぐんぐんのびて　はるになって　ちゅうくらいのはなが　さきました　ホワッ
ぐんぐんのびて　はるになって　おおきなはなが　さきました　ワッ

あそび方

花の種植えや庭の広さを手で表現し、土を耕すことや種を植えるイメージをふくらませながら手あそびをしましょう。

1番

① ちいさなにわを 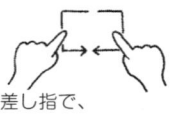
両手の人差し指で、小さな四角を描く。

② よくたがやして 
両手の人差し指を曲げたり伸ばしたりしながら、左から右へ波形を描く。

③ ちいさなたねを 
両手の人差し指で小さな円を描く。

④ まきました 
左手のひらから右手で種をつまんで、まくしぐさを2回する。

⑤ ぐんぐんのびて 
両手を合わせ、左右に振りながら、下から上へあげていく。

⑥ はるになって 
両手を頭の上から左右にひらひらさせながらおろす。

⑦ ちいさなはながさきました 
両手首をつけて、小さなつぼみを作る。

⑧ ポッ！ 
両手首をくっつけたまま、指の先を少しあける。

2番

①〜⑦の動作をやや大きめにする。

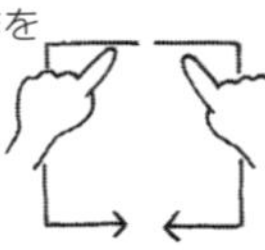

⑨ ホワ！
両手首を離して、大きく指を開く。 

3番

2番の①〜⑦の動作よりも大きくする。

⑩ ワッ！
両手を高く上げて、指も開く。 

その他のあそび方

先に子どもたちの好きな花を決め、みんなで一緒に手あそびをしましょう。
低年齢児の場合は、子どもをひざの上にのせ、手をとって遊ばせながら、最後の表情のところを少し大げさにするととても喜ぶでしょう。

（植田）

第4章

チョキチョキダンス

作詞者不詳　イギリス民謡　編曲／木許　隆

1. ラララ　みぎて　ラララ　みぎて　ラララ　みぎてを　くるりんぱ
2. ラララ　ひだりて　ラララ　ひだりて　ラララ　ひだりてを　くるりんぱ
3. ラララ　りょうて　ラララ　りょうて　ラララ　りょうてを　くるりんぱ

チョキ　チョキ　ダンスを　みんなで　おどろう　パパンパパンパン　パン　ポーズ
チョキ　チョキ　ダンスを　みんなで　おどろう　パパンパパンパン　パン　ポーズ
チョキ　チョキ　ダンスを　みんなで　おどろう　パパンパパンパン　パン　ポーズ

あそび方　リズムにのって思いきり身体を動かしましょう。「ポーズ」の部分では、一人ひとりの自由な表現を楽しみましょう。

1番

① ラララみぎて　ラララみぎて　ラララみぎてを

顔の横で右手をパーにし、リズムに合わせて左右に振る。

② くるりんぱ

右手をグーにしてて首を回しながら円を描く。「ぱ」で手をパッと開く。

③ チョキチョキダンスを　みんなでおどろう

右手をチョキにし、リズムに合わせて左右にふる。

④ パパンパパンパンパン

リズムに合わせて手拍子をする。

2番　1番と同様に左手で動作を行う。
3番　1番と同様に両手で動作を行う。

その他のあそび方　「手」を「足」に、「チョキチョキ」を「ブラブラ」にするなどして、替え歌にしてもいいでしょう。「足」を使うときは、イスに座っても楽しいでしょう。

（岡田暁子）

手をたたきましょう

作詞／小林 純一　作曲者不詳　編曲／木許 隆

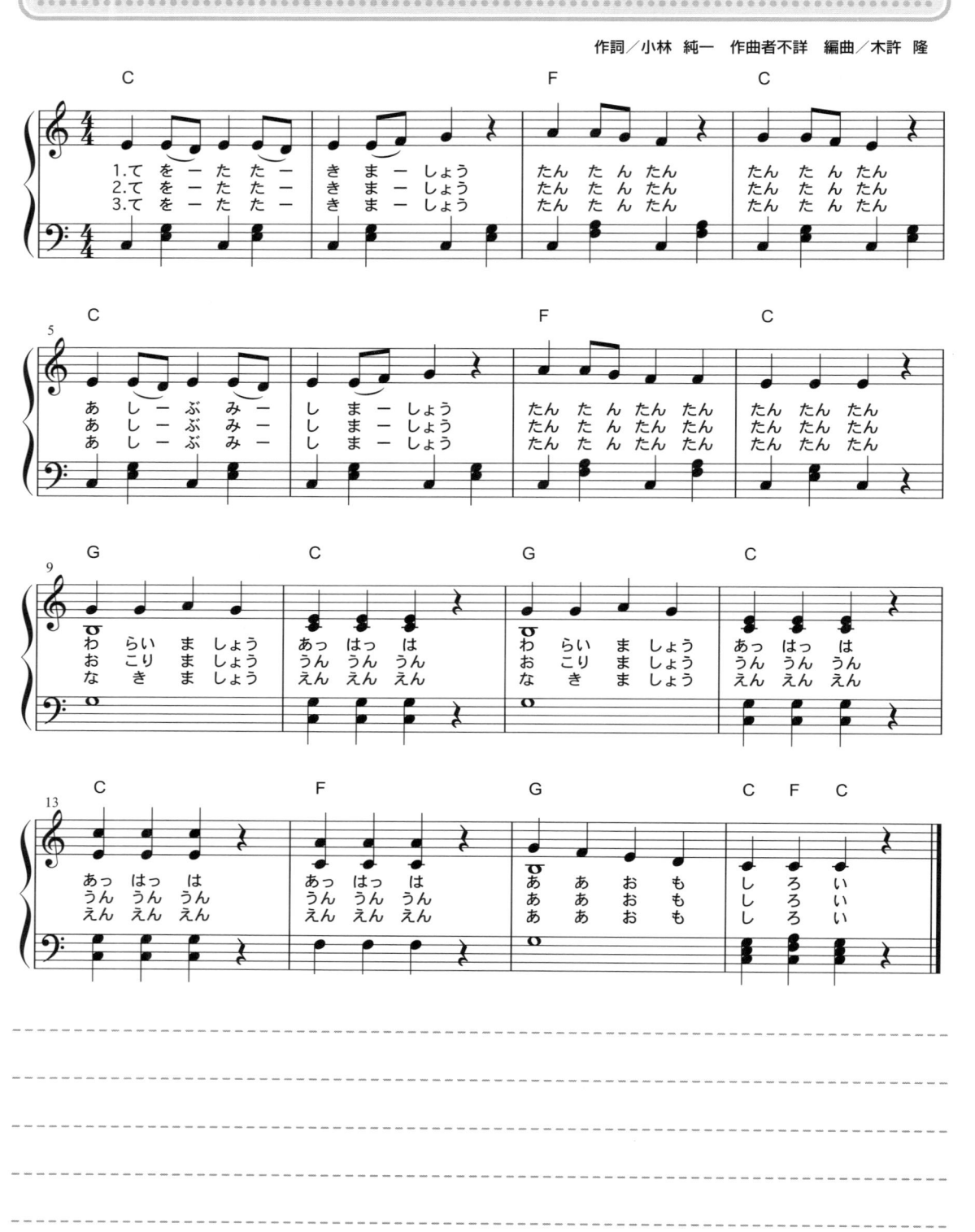

あそび方

歌に合わせて手をたたいたり、足踏みをして身体を動かしましょう。簡単な動きなので保育者の動作をまねているうちにできるようになります。また、笑ったり、怒ったり、泣いたりといろいろな表情や表現を楽しむことができます。

1番

① てをたたきましょう

拍子に合わせて手拍子をする。（胸の前で手を合わせ、身体を左右にゆらしても良い。）

② たんたんたん　たんたんたん

リズムにあわせて3回ずつ手をたたく。

③ あしぶみしましょう

拍子に合わせて足踏みをする。（腰に手をあて、軽く屈伸をしても良い。）

④ たんたんたんたん　たんたんたん

リズムにあわせて足踏みをする。

⑤ わらいましょう　あっはっはっ
　　わらいましょう　あっはっはっ

笑った顔や楽しい表情を作り、大きな声で笑う。（おなかに手をあて、口を大きくあけて笑っても良い。）

⑥ あっはっはっ　あっはっはっ

上下左右と様々な所を見ながら笑う。

⑦ ああ　おもしろい

手をひらひらさせながら回転し、表情を元に戻す。

2番

歌詞は若干違うが、動きは1番と変わらない。

おこりましょう　うんうんうん

胸の前で手を組み、怒った顔や恐い表情をつくる。

3番

歌詞は若干違うが、動きは1番と変わらない。

なきましょう　えんえんえん

手で目を覆い、泣いた顔や悲しい表情を作る。

その他のあそび方

「てをたたく」や「あしぶみをする」を「かたをたたく」や「ひざうちをする」など、身体の部位を変えてみるといいでしょう。また、手合わせをしたり、「はしりましょう」といってテンポを変えてみるのも変化があっておもしろいでしょう。

（菊池）

はじまるよはじまるよ

作詞者不詳　作曲者不詳　編曲／木許　隆

(楽譜：G / D7 / G / G / D7 / G)

歌詞：
1. はじまるよ　はじまるよ　はじまるよったら　はじまるよ　いちといちで　にんじゃだよ　ドローン
2. はじまるよ　はじまるよ　はじまるよったら　はじまるよ　にとにで　かにさんだよ　チョキーン
3. はじまるよ　はじまるよ　はじまるよったら　はじまるよ　さんとさんで　ねこのひげ　ニャオーン
4. はじまるよ　はじまるよ　はじまるよったら　はじまるよ　しとしで　たこのおじさん　ヒューン
5. はじまる　よ　はじまる　よ　はじまる　よったら　はじまる　よ　ごとごで　たこやきたべて　ポン

あそび方

楽しく踊りましょう。また、子どもがよく知っている伴奏にのせて、表現しましょう。

1番

① はじまるよ　はじまるよ　はじまるよったら　はじまるよ 
右側と左側で3回ずつ手をたたく。これを2回くり返す。

② いちといちで 
人差し指をたて、片方ずつ前へ出す。

③ にんじゃだよ 
人差し指をたてた手をくみ、忍者のポーズをつくる。

④ ドローン 
手を横にふる。

2番

⑤ はじまるよ　はじまるよ　はじまるよったら　はじまるよ 
①と同じ動作をする。

⑥ にとにで 
2本の指をたて、片方ずつ前へ出す。

⑦ かにさんだよ 
カニのはさみの形をつくり、左右にふる。

⑧ チョキーン 
はさみで切るしぐさをする。

3番

⑨ はじまるよ　はじまるよ
　　はじまるよったら　はじまるよ

①と同じ動作をする。

⑩ さんとさんで

3本の指をたて、
片方ずつ前へ出す。

⑪ ねこのひげ

ほおに手をあて、
ネコのひげをつくる。

⑫ ニャオーン

招きネコの手にする。

4番

⑬ はじまるよ　はじまるよ
　　はじまるよったら　はじまるよ

①と同じ動作をする。

⑭ よんとよんで

4本の指をたて、
片方ずつ前へ出す。

⑮ たこのあし

手を身体の前でゆらし、
タコの足をつくる。

⑯ ヒューン

横へ飛んでいくように
手を動かす。

⑰ はじまるよ　はじまるよ
　　はじまるよったら　はじまるよ

①と同じ動作をする。

⑱ ごとごで

5本の指をたて、
片方ずつ前へ出す。

⑲ てはおひざ　ポン

ひざの上に両手をおく。

その他のあそび方

　小さなこ子どもは、ゆっくりのテンポで表現しましょう。慣れてくるにつれて、テンポを速くしていくと、より楽しめるでしょう。そして、手あそびが終わり、ひざの上に手をおいた子どもたちに対し、「背中ものびているかな？」や「上手にお話をきけるかな？」というような言葉がけをすることによって、より落ちつきのある子どもへと成長していくでしょう。

　また、次のような歌詞でも楽しんでみましょう。

例：　　1と1で忍者さん　　　　　ニンッ！
　　　　4と4でくらげさん　　　　シュッ！　など

（高御堂）

とんとんとんとんひげじいさん

作詞者不詳　作曲／玉山 英光　編曲／木許 隆

とん とん とん とん　ひげ じい さん　とん とん とん とん　こぶ じい さん
とん とん とん とん　てん ぐ さん　とん とん とん とん　めがね さん
とん とん とん とん　て を うえ に　らん らん らん らん　て は おひざ

あそび方　同じリズムをくり返し感じながら、変化する動きを楽しみましょう。

1番

① とんとんとんとん
両手でこぶしをつくり交互にたたく。

② ひげじいさん
あごの下に両手のこぶしをつけ、ひげをつくる。

③ とんとんとんとん
①と同じ動作をする。

④ こぶじいさん
左右のほおにこぶしをつけ、こぶをつくる。

⑤ とんとんとんとん
①と同じ動作をする。

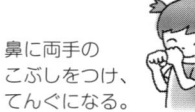

⑥ てんぐさん
鼻に両手のこぶしをつけ、てんぐになる。

⑦ とんとんとんとん
①と同じ動作をする。

⑧ めがねさん
親指と人差し指で輪をつくり、めがねをつくる。

⑨ とんとんとんとん
①と同じ動作をする。

⑩ てをうえに
両手を上にあげる。

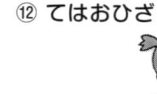

⑪ らんらんらんらん
両手をひらひらさせながらおろす。

⑫ てはおひざ
ひざの上に両手をおく。

その他のあそび方

「らんらんらんらん」の部分は、「キラッキラッキラッキラッ」とうたわれる地域もあります。
休符の部分では、アドリブとして効果音をいれてみるのもおもしろいでしょう。

（岡田泰子）

パン屋さんにおかいもの

作詞／佐倉 智子　作曲／おざわ　たつゆき　編曲／木許 隆

1. パンパンパンやさんに　おかいもの　サンードイッチに　メロンパン　ね
じーりドーナツ　パンのみみ　チョコパンふたつ　くださいな
2. ホイホイ たくさん　まいどあり　サンードイッチに　メロンパン　ね
じーりドーナツ　パンのみみ　チョコパンふたつ　はいどうぞ

あそび方　2人1組になって、パン屋さん役とお客さん役をつくりましょう。スキンシップをとりながら、顔でパンを表現して楽しみましょう。

1番

① パンパンパンやさんにおかいもの 
拍に合わせて手拍子を7回する。

② サンドイッチに 
お客さん役が両手でパン屋さん役のほおをはさむ。

③ メロンパン 
お客さん役がパン屋さん役の目じりを指で下げ、ユニークな表情をつくる。

④ ねじりドーナツ 
お客さん役がパン屋さん役の鼻をつまんでねじる。

⑤ パンのみみ 
お客さん役が両手でパン屋さん役の両耳をつまんで引っ張る。

⑥ チョコパンふたつ 
お客さん役がパン屋さん役の脇の下をくすぐる。

⑦ くださいな 
拍に合わせて手拍子を3回する。

2番　お客さん役とパン屋さん役が入れかわってあそぶ。歌詞は若干違うが、動きは1番と変わらない。

⑧ はいどうぞ 
拍に合わせて手拍子を2回する。お客さん役にパンを手渡すしぐさをする。

その他のあそび方　1番の最後に「全部でいくら？」や2番の最後に「ありがとう。」という台詞を入れてもおもしろいでしょう。

（岡田泰子）

第4章　手あそび・指あそび

パンダうさぎコアラ

作詞／高田 ひろお　作曲／乾 裕樹　編曲／木許 隆

（楽譜）

あそび方　歌詞に出てくる動物の特徴をつかみ表現しましょう。

① おいで
両手を前に出し「おいで」とまわりを呼ぶ動作をする。

② パンダ
親指と人差し指で輪をつくり、目にあててパンダを表現する。

③ うさぎ
両手を上にあげ、頭につけてうさぎを表現する。

④ コアラ
両手を前に出し、大きな輪をつくりコアラを表現する。

⑤ ヤッターッ
片手をグーにし、元気よく上につきあげる。

その他のあそび方　両手で表現できるようになったら、全身で動物を表現しましょう。また、歌詞以外の動物にチャレンジしたり、テンポをかえてうたうのもおもしろいでしょう。

（奥田）

ピクニック

作詞者不詳　作曲／S.ウィナー　編曲／木許 隆

[楽譜：F - C7 - F / C7 - F - C7 - F]

歌詞：
1と5で たこやき たべて
2と5で やきそば たべて
3と5で スパゲティ たべて
4と5で ケーキを たべて
5と5で おにぎり つくって
ピクニック ヤッ

あそび方

右手をつまようじ・はし・フォーク・ナイフに見たて、楽しく手あそびをしましょう。ピクニック（遠足）に行く前やお弁当（給食）の前に、「どんな食べ物が好きかな？」というような言葉がけとともにうたうのもいいでしょう。

① **1と5で**　右手で1本の指を出し、左手で5本の指を出す。

② **たこやき**　お皿のたこ焼きを、つまようじでさすしぐさをする。

③ **たべて**　右手を口元へ持っていき、食べるしぐさをする。

④ **2と5で**　右手で2本の指を出し、左手で5本の指を出す。

④ **やきそば**　お皿の焼きそばを、はしではさむしぐさをする。

⑤ **たべて**　③と同じ動作をする。

⑥ **3と5で**　右手で3本の指を出し、左手で5本の指を出す。

⑦ **スパゲティ**　お皿のスパゲティを、フォークでまくしぐさをする。

⑧ **たべて**　③と同じ動作をする。

⑨ **4と5で**　右手で4本の指を出し、左手で5本の指を出す。

⑩ **ケーキを**　お皿のケーキを、ナイフで切るしぐさをする。

⑪ **たべて**　③と同じ動作をする。

⑫ **5と5で**　両手で5本の指を出す。

⑬ **おにぎりつくって**　両手でおにぎりを作るしぐさをする。

⑭ **ピクニック**　元気よく両腕をふりながら、その場で1回転する。

⑮ **ヤッ**　片手をグーにし、元気よく上につきあげる。

（木許）

むすんでひらいて

作詞者不詳　作曲／J.J.ルソー　編曲／木許　隆

あそび方　簡単にできる手あそびです。できるようになったら発展させ、様々な表現をしてみるとおもしろいでしょう。

① むすんで 
両手でグーを作り、拍子に合わせて手を軽くふる。

② ひらいて 
両手でパーを作り、拍子に合わせて手を軽くふる。

③ てをうって 
手拍子をする。

④ むすんで 
①と同じ動作をする。

⑤ またひらいて 
②と同じ動作をする。

⑥ てをうってそのてを
③と同じ動作をする。

⑦ うえに 
両手を上に高くあげる。

⑧ むすんで　ひらいて　てをうって　むすんで
①～④と同じ動作をする。

その他のあそび方　⑦「うえに」の歌詞をかえて、連想される動作を考えながら後半で表現しましょう。

例：　よこに　―　ひこうき　ぶんぶん、ことりが　ぱたぱた
　　　まえに　―　でんしゃが　がたんがたん、じどうしゃ　ぶうぶう
　　　したに　―　かえるが　ぴょんぴょん、ペンギン　よちよち

　また、「耳（鼻・頭）に」のように、身体とことばを一致させる方法もあります。
　その他、後半（⑧の部分）をうたうとき、頭の上にあげたまま表現する方法もあります。

（菊池）

やきいもグーチーパー

作詞／阪田 寛夫　作曲／山本 直純　編曲／木許 隆

（楽譜：C － G7 － G7 － C／C － F － G7 － C）

歌詞：
やきいも やきいも／おなかが グー／ほかほか ほかほか／あちちの チー
たべたら なくなる／なんにも パー それ／やきいも まとめて／グー チー パー

あそび方　寒い日には美味しいホカホカのやきいもを食べたいですね。みんなでジャンケンゲームを楽しみましょう。

① やきいも　やきいも
両手で熱い焼きいもを持っているしぐさをする。

② おなかが
おなかをおさえる。

③ グー
両手をグーにし、前に出す。

④ ほかほかほかほか
手のひらを開いたり閉じたりしながら上下に動かす。

⑤ あちちの 
熱いものにふれたときのしぐさをする。

⑥ チー 
両手をチョキにし、前に出す。

⑦ たべたら　なくなる 
焼きいもを食べるしぐさをする。

⑧ なんにも 
胸の前で両腕を交差させる。

⑨ パー
両手をパーにし、前に出す。

⑩ それやきいもまとめて 
拍に合わせて手拍子をする。

⑪ グー 
③と同じ動作をする。

⑫ チー 
⑥と同じ動作をする。

⑬ パー 
⑨と同じ動作をする。

⑪～⑬の部分でジャンケンをする場合

⑭ ジャンケン 
かいぐりをする。

⑮ ポン 
ジャンケンをする。

その他のあそび方　足でジャンケンをするなど、身体全体を使いながら表現することもできます。

（岡田泰子）

山ごや一軒

作詞／志摩 桂　アメリカ民謡　編曲／木許 隆

(楽譜: F - C7 - F / F - Gm - C7 - F)

1. やまごや いっけん ありました おじいさん まどから みている りょうしの てっぽう こわいんです かわいい うさぎが ぴょん ぴょん ぴょん こちらへ にげてきた もう だいじょうぶだ よ
2. たすけて たすけて おじいさん さあ さあ はやく おはいんなさい

あそび方　手あそびだけでなく、ウサギ・猟師・おじいさんの各役を決め、歌をうたいながら追いかけっこしながら遊ぶのもおもしろいでしょう。

1番

① **やまごやいっけんありました**
両手の人差し指で山小屋の形を描く。

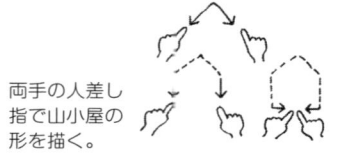

② **まどからみていたおじいさん**
両手の親指と人差し指で輪をつくり、双眼鏡のように目にあて、顔を左右に動かす。

③ **かわいいうさぎが**
右手の人差し指と中指を立ててうさぎの耳にみたてる。

④ **ぴょんぴょんぴょん**
うさぎの耳にみたてた指を曲げ伸ばしする。

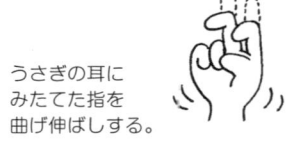

⑤ **こちらへにげてきた**
④の動作で右から左へと移動させる。

2番

⑥ **たすけてたすけておじいさん**
両手をあげてバンザイをする。

⑦ **りょうしのてっぽうこわいんです**
両手で鉄砲を構えるしぐさをする。

⑧ **さあさあはやく　おはいんなさい**
両手（片手）で手招きを4回する。

⑨ **もうだいじょうぶだよ**
右手の人差し指と中指を立てうさぎの耳にみたて、左手でやさしくなでる。

その他のあそび方　キツネなど、ほかの動物にかえて遊ぶこともできます。

（奥田）

ゆらゆらタンタン

作詞者不詳　作曲者不詳　編曲／木許 隆

あそび方

子どもをひざの上にのせて楽しみましょう。顔の様々な部位を知ることができます。また、くり返すことによって、リズムが心地よく感じられるようになると、より楽しむことができるでしょう。

① **ゆらゆら** 
子どもと手をつなぎ、やさしく上下にふる。

② **タンタン** 
拍に合わせて手を2回うつ。

③ **おめめ** 
両手でやさしく目尻にふれる。

④ **ゆらゆら　タンタン**
①・②と同じ動作をする。

⑤ **おはな** 
両手でやさしく鼻にふれる。

⑥ **ゆらゆら　タンタン**
①・②と同じ動作をする。

⑦ **おくち** 
両手でやさしく口にふれる。

⑧ **プーッと** 
子どもと一緒に、ほおを指し、ほおをふくらませる。

⑨ **ほっぺに** 
両手でやさしくふくらんだほおにふれる。

⑩ **おみみ** 
両手でやさしく耳にふれる。

その他のあそび方

「ゆらゆらタンタン」の部分で、子どもを前後に動かしたり、左右にゆらしたりすると、子どもの笑顔が出てきます。向きあって、ゆっくりと遊びましょう。また、顔の部位についてやさしく教えましょう。

（岩佐）

第5章
その他のあそび

Ⅰ. 全身を使って表現するあそびうた

アルプス一万尺

作詞者不詳　アメリカ民謡　編曲／木許 隆

あそび方　2人1組になって向かい合い、お互いの手を合わせて遊びましょう。

① **アル**
手拍子を1回し、お互いの右手を合わせる。

② **プス**
手拍子を1回し、お互いの左手を合わせる。

③ **いちまん**
手拍子を1回し、お互いの両手を合わせる。

④ **じゃく**
手拍子を1回し、指を組み合わせたお互いの手のひらを合わせる。

⑤ **こや** 
手拍子を2回する。

⑥ **り** 
右手を垂直に曲げ、右手のひじを左手で支える。

⑦ **の** 
左手を垂直に曲げ、左手のひじを右手で支える。

⑧ **う** 
両手を腰にあてる。

⑨ **えで** 
左手をまっすぐ伸ばし、右手で支え、相手とはしごを作る。

⑩ **アルペンおどりを　さあおどりましょう**
①〜⑨と同じ動作をする。

⑪ **ランラランラン…**
①〜⑨と同じ動作を2回くりかえす。

その他のあそび方　低年齢の子どもには、やや難しいあそびになるので、次のようなあそび方で遊んでみましょう。

① **アルプス** 
両手でひざを打ち、手拍子を1回する。

② **いちまんじゃく** 
両手でひざを打ち、お互いに両手を合わせる。

③ **こやりのうえで**
①②と同じ動作をする。

④ **アルペンおどりを**
①②と同じ動作をする。

⑤ **さあ** 
お互いの右手を合わせる。

⑥ **おど** 
お互いの左手を合わせる。

⑦ **りま** 
手拍子を1回する。

⑧ **しょう** 
ジャンケンをする。

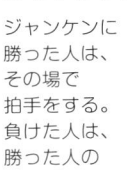

⑨ **ランラランラン…**
ジャンケンに勝った人は、その場で拍手をする。負けた人は、勝った人の周りをスキップで回る。

（木許）

かなづちトントン

作詞／高木乙女子　アメリカ民謡　編曲／木許 隆

1. かなづちとんとん　とんとん　いっぽんで　とんとん　とんとん
2. かなづちとんとん　とんとん　にほんで　とんとん　とんとん
3. かなづちとんとん　とんとん　さんぼんで　とんとん　とんとん
4. かなづちとんとん　とんとん　よんほんで　とんとん　とんとん
5. かなづちとんとん　とんとん　ごほんで　とんとん　とんとん

（5番）かかかかか　ななななな　ぶづづづづ　ちちちちち　とんとんとんとんとん　とんとんとんとん　ほんほし　にさよごお　ぎぎぎぎぎ　ははははは　つつつつつこ　んぼんほんまい

あそび方　いすに座って遊びましょう。

① かなづちとんとん　いっぽんでとんとん　かなづちとんとん 
「とんとん」の部分で、拍に合わせて右手のこぶしを振る。

② つぎはにほん 
両手のこぶしを胸の前に出す。

③ かなづちとんとん　にほんでとんとん　かなづちとんとん 
「とんとん」の部分で、拍に合わせて両手のこぶしを振る。

④ つぎはさんぼん 
両手のこぶしを胸の前に出し、右足を上げる。

⑤ かなづちとんとん　さんぼんでとんとん　かなづちとんとん 
「とんとん」の部分で、拍に合わせて両手のこぶしを振ると同時に、右足を踏む。

⑥ つぎはよんほん 
両手のこぶしを胸の前に出し、両足を上げる。

⑦ かなづちとんとん　よんほんでとんとん　かなづちとんとん 
「とんとん」の部分で、拍に合わせて両手のこぶしを振ると同時に、両足を踏む。

⑧ つぎはごほん 
両手のこぶしを胸の前に出し、両足を上げ、頭を左右にゆらす。

⑨ かなづちとんとん　ごほんでとんとん　かなづちとんとん 
「とんとん」の部分で、拍に合わせて両手・両足・頭を大げさに振る。

⑩ これでおしまい 
両手を頭の上からひらひらさせながらおろす。

その他のあそび方　立って遊ぶ場合、手でたたく場所を肩や太ももにかえてもおもしろいでしょう。また、２人１組になって手をつなぎながら楽しむこともできます。
（木許）

かもつれっしゃ

作詞／山川 啓介　作曲／若松 正司　編曲／木許 隆

歌詞：
1. かもつれっしゃ　シュッ シュッ シュッ　いそげ いそげ　シュッ シュッ シュッ　こんどのえきで　シュッ シュッ シュッ　つもうよにもつ　ガッチャン
2. かもつれっしゃ　シュッ シュッ シュッ　いそげ いそげ　シュッ シュッ シュッ　そっちへゆくぞ　シュッ シュッ シュッ　ゆずれよせんろ　ガッチャン

あそび方

1人が2人、2人が4人、4人が8人…と、だんだん人数が増えていく楽しさを、みんなで味わいましょう。

① かもつれっしゃシュッシュッシュッ…

1番をうたいながら、自由に動きまわる。

② ガッチャン

手のひらを合わせ、ジャンケンする相手を決める。

③ ジャンケンポン

ジャンケンをし、負けた人は勝った人の後ろにつく。

2番以降も同じようにあそび、1列になれば終了する。

（木許）

ケンパであそぼう

作詞／阪田 寛夫　作曲／越部 信義　編曲／木許 隆

(楽譜)

歌詞：
かたあしとびで ケンケンケン りょうあしひらいて パーのパ
かたあしとびで ケンケンケン りょうあしひらいて パーのパ
ケンケンパ ケンケンパ ケンパであそぼう ヤッ

あそび方
ケンケンあそびを通して、両足を使ってジャンケンすることへと発展させましょう。

① **かたあしとびで** 
左（右）足を上げ、右（左）足だけで立つ。

② **ケンケンケン** 
その場で3回ジャンプする。

③ **りょうあしひらいて** 
両足を開いて立つ。

④ **パーのパ** 
その場で2回ジャンプする。

⑤ **ケンケン**
左（右）足を上げ、右（左）足だけで2回ジャンプする。

⑧ **ケン**
左（右）足を上げ、右（左）足だけで1回ジャンプする。

⑩ **あそぼう** 
足を閉じる。

⑪ **ヤーッ** 
右手のこぶしを突き上げる。

⑥ **パ**
③と同じ動作をする。

⑨ **パで**
③と同じ動作をする。

⑦ **ケンケンパ**
⑤③と同じ動作をする。

その他のあそび方
外で遊ぶ場合、地面に円を描き、前後の動きを取り入れながら遊ぶこともできます。

（木許）

ゆらゆらボート

作詞者不詳（訳詞／志摩 桂）　イギリス民謡　編曲／木許 隆

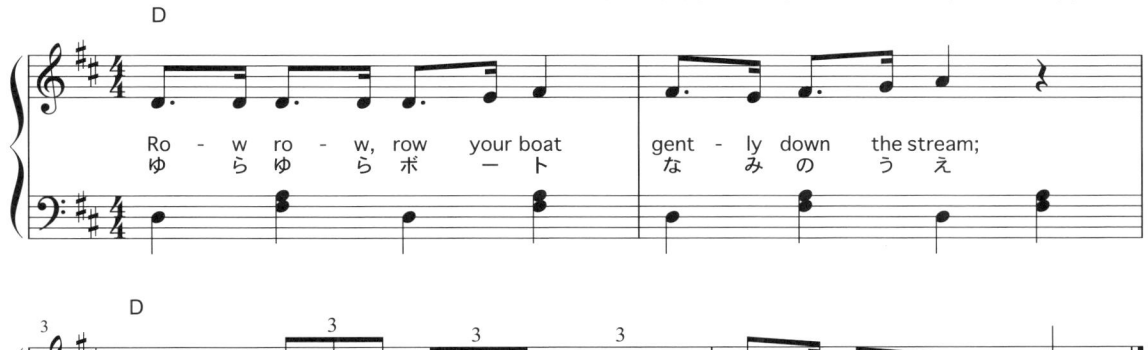

歌詞：
Ro- w ro- w, row your boat gent-ly down the stream;
ゆ ら ゆ ら ボー ト　な み の う え

mer-ri-ly, mer-ri-ly, mer-ri-ly, mer-ri-ly, life is but a dream
ラ ラ ラ ラ ラ ラ ラ ラ ラ ラ ラ ラ　い い き も ち

あそび方　2人で向かい合い、足のうらを合わせて座りましょう。うたいはじめるとともに、1小節1往復で、ボートのオールをこぐように遊びましょう。引っぱったり、引っぱられたりしながら楽しみましょう。

Row, Row, Row Your Boat
（こげ　こげ　ボートを）

Row, row, row your boat,
（こげ　こげ　ボートを）

Gently down the stream,
（ゆっくりと　流れにのって）

Merrily, merrily, merrily, merrily,
（気楽に　ゆかいに）

Life is but a dream.
（人生は　夢のようだね）

その他のあそび方　2小節ずつおくれてうたい出すと輪唱になります。子どもたちの声がかさなって、とてもおもしろくうたえるでしょう。
（木許）

第5章　その他のあそび

バスごっこ

作詞／香山 美子　作曲／湯山 昭　編曲／木許 隆

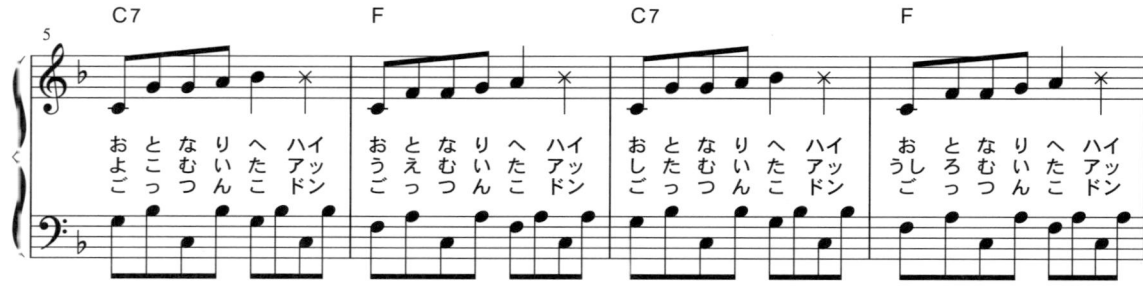

あそび方

みんなで、バスに乗っているような気持ちで遊びましょう。1番では横1列に、2番では縦1列に、3番では円になって遊ぶと楽しさも増すでしょう。

1番

① おおがたバスに のってます 
両手で車のハンドルを動かすしぐさをする。

② きっぷをじゅんに わたしてね 
右手をあげ、左右に振る。

③ おとなりへ ハイ（4回） 
右手で左手を3回うち、となりの人の左手を1回うつ。（1人から順に人数が増えていってもよい。）

④ おわりのひとは 
みんなで列の最後の人を見る。

⑤ ポケットに 
列の最後の人は、ポケットに切符を入れるしぐさをする。

2番

⑥ おおがたバスに のってます 
①と同じ動作をする。

⑦ いろんなとこが みえるので 
手をひたいにあて、見るしぐさをする。

⑧ よこむいた アッ うえむいた アッ したむいた アッ うしろむいた アッ 
歌詞に合わせ、横（左右どちらでもかまわない）・上・下・後ろを向く。

⑨ うしろのひとは 
④と同じ動作をする。

⑩ ねむった 
列の最後の人は、寝たふりをする。

3番

⑪ おおがたバスに のってます 
①と同じ動作をする。

⑫ だんだんみちが わるいので 
身体を左右にゆらす。

⑬ ごっつんこ ドン（4回） 
となりの人と軽くぶつかる。

⑭ おしくら まんじゅう 
となりの人と腕をくむ。

⑮ ギュッギュッ ギュッ
となりの人と身体を寄せあう。

その他のあそび方　2人1組のバスからはじめ、最後にジャンケンをします。勝ったグループの後ろに、負けたグループが付くようにしましょう。いつの間にか、小さなバスが大きなバスへと変わっていきます。

（木許）

もうじゅうがりにいこうよ

作詞／米田 和正　アメリカ民謡　編曲／木許 隆

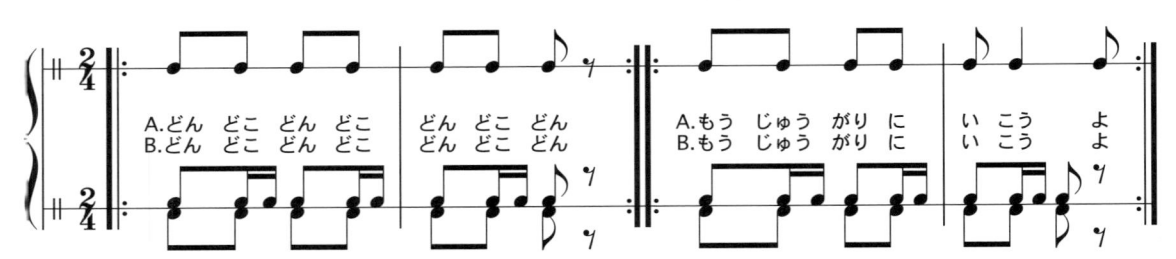

A.どん どこ どん どこ どん どこ どん
B.どん どこ どん どこ どん どこ どん
A.もう じゅう がり に いこう よ
B.もう じゅう がり に いこう よ

ひざなどを打って楽しみましょう。（どちらのリズムでもよい。）

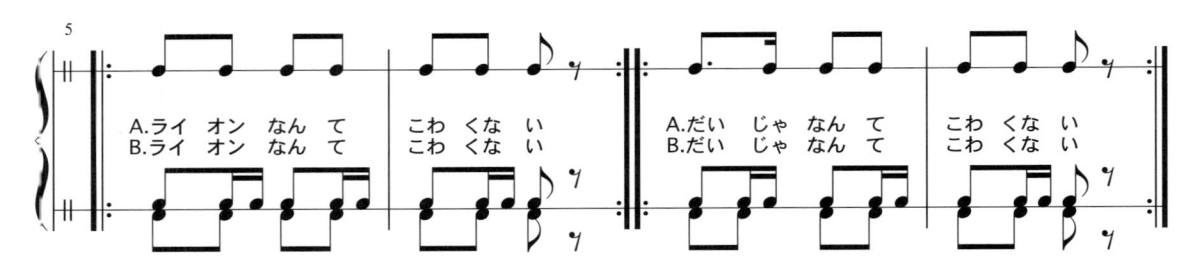

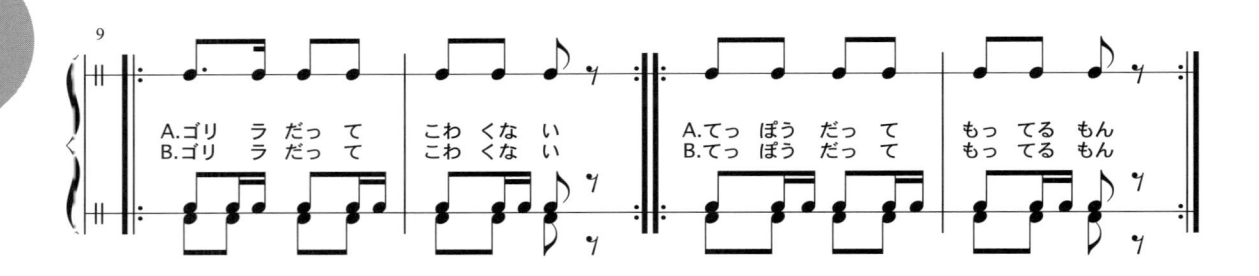

A.ライ オン なん て こわ くな い
B.ライ オン なん て こわ くな い
A.だい じゃ なん て こわ くな い
B.だい じゃ なん て こわ くな い

A.ゴリ ラ だって こわ くな い
B.ゴリ ラ だって こわ くな い
A.てっ ぽう だって もっ てる もん
B.てっ ぽう だって もっ てる もん

A.やり だって もっ てる もん
B.やり だって もっ てる もん
アッ　休　休　アッ
アッ　休　休　アッ
例：
A.パンダ

あそび方

リーダーについて、くりかえし動作をしながら遊びます。最後にリーダーが言った動物の名前の文字数と同じ人数でグループをつくります。ことばの音節を自然に理解できるようになるあそびです。

例：さる（2文字）→2人のグループをつくる　うさぎ（3文字）→3人のグループをつくる

① どんどこ　どんどこ　どんどこどん

リズムに合わせてひざをうつ。

② もうじゅうがりにいこうよ

リズムに合わせて右手のこぶしを突き上げる。

③ ライオンなんて

ライオンのまねをする。

④ こわくない

自分の前に大きく×印をかく。

⑤ だいじゃなんて

大蛇のまねをする。

⑥ こわくない

④と同じ動作をする。

⑦ ゴリラだって

ゴリラのまねをする。

⑧ こわくない

④と同じ動作をする。

⑨ てっぽうだってもってるもん

大きな鉄砲を打つしぐさをする。

⑩ やりだってもってるもん

ヤリで相手を突くしぐさをする。

⑪ アッ（3回）

何かを発見したように、指をさす。（いろいろな方向をさすとおもしろいでしょう。）

（木許）

ロンドン橋

作詞者不詳（訳詞／高田 三久三）　イギリス民謡　編曲／木許 隆

Lon - don Bridge is fal - ling down, fal - ling down, fal - ling down,
ロン　ドン　ば　し　が　お　ち　る　お　ち　る　お　ち　る

Lon - don Bridge is fal - ling down, My fair la - dy.
ロン　ドン　ば　し　が　お　ち　る　さあ　どう　し　ま　しょう

あそび方

２人１組でアーチを作り、その中をみんながうたいながらくぐりましょう。曲が終わると同時にアーチが落ちてきます。アーチにつかまった人は、新しいアーチをつくります。どんどんアーチの数が増えていくゲームです。さあ、最後までつかまらない人は誰でしょう。

1. London Bridge is falling down, falling down, falling down,
   London Bridge is falling down, My fair lady.　（ロンドン橋が落ちちゃうよ）
2. Build it up with wood and clay, wood and clay, wood and clay,
   Build it up with wood and clay, My fair lady.　（橋を作ろう木と土で）
3. Wood and clay will wash away, wash away, wash away,
   Wood and clay will wash away, My fair lady.　（木と土なんかじゃ流されちゃう）
4. Build it up with iron and steel, iron and steel, iron and steel,
   Build it up with iron and steel, My fair lady.　（鉄と鋼でまた作ろう）
5. Iron and steel will bend and bow, bend and bow, bend and bow,
   Iron and steel will bend and bow, My fair lady.　（鉄と鋼じゃ曲がっちゃう）
6. Build it up with silver and gold, silver and gold, silver and gold,
   Build it up with silver and gold, My fair lady.　（金と銀で橋作ろう）
7. Silver and gold will be stolen away, stolen away, stolen away,
   Silver and gold will be stolen away, My fair lady.　（金と銀ではとられちゃう）
8. Set a man to watch all night, watch all night, watch all night,
   Set a man to watch all night, My fair lady.　（夜どうし見張りを立たせよう）
9. Suppose the man should fall asleep, fall asleep, fall asleep,
   Suppose the man should fall asleep, My fair lady.　（見張りが寝たらどうしよう）
10. Give him a pipe to smoke all night, smoke all night, smoke all night,
    Give him a pipe to smoke all night, My fair lady.　（パイプを吸わせよう一晩中）

（木許）

Ⅱ. 絵かきうた

♪ あひる

① 2ちゃんが

② 3えんもらって

③ まめかって

④ くちをとんがらかして

⑤ あひるのこ

♪ イカ

① こんにゃく

② はんぺん

③ みずザーザー

④ まめと

⑤ おさらでイカさんだ

🎵 おじさん

① 3（trois：トロワ）

② 6（six：シス）

③ 6（six：シス）

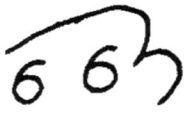

④ 4（quatre：キャトル）

⑤ 2（due：ドゥ）

⑥ おじさん（oncle：オークル）

フランスの絵かきうたです。子どもたちと一緒に楽しみましょう。

🎵 おにぎり

① みちに

② トンネルできました

③ なかはまっくら

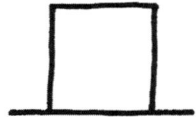

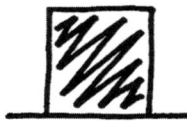

④ ほしもでた

⑤ やまが見えたら おにぎりだ

🎵 かさ

① おさらに

② みずがあふれそう

③ まがったストローで

④ のみましょう

⑤ ひっくりかえすと

⑥ かさでした

🎵 さかな

① やまがあって

② さとがあって

③ だんだんばたけが
あったとさ

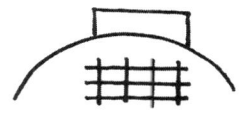

④ きゅうりがあって

⑤ まめがあって

⑥ さかなになっちゃった

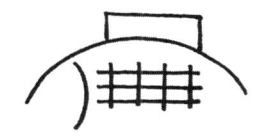

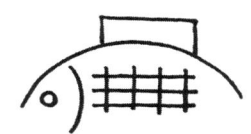

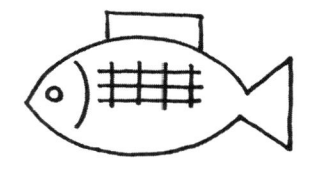

第5章　その他のあそび

🎵 いちご

① ほしのまわりを ② ひとまわり ③ キラキラひかると ④ いちごです

🎵 すいか

① まるのなかに ② ニョロニョロ ③ ニョロニョロふえて ④ すいかだよ

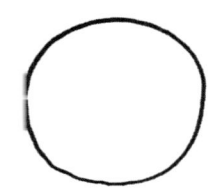

🎵 チューリップ

① おやまのうえに ② ふたばがでたよ ③ ギザギザもようで ④ チューリップ

🎵 どんぐり

① しましま　　② ぼうしを　　③ かぶるのは　　④ どんぐりさん

🎵 にんじん

① ながいさんかくに　　② けがはえて　　③ パーマをかけたら　　④ にんじんさん

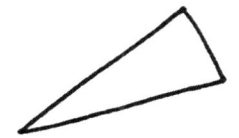

🎵 ヨット

① はたがひとつありました　　② かぜでゆらゆらゆれました　　③ だいにのせたら　　④ ヨットです

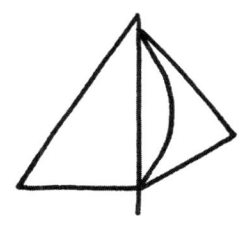

第5章　その他のあそび

♪ カッパ

① ぼうが1ぽんあったとさ

② はっぱかな

③ はっぱじゃないよ カエルだよ

④ カエルじゃないよ アヒルだよ

⑤ アヒルじゃないよ カッパだよ

♪ スコップ

① アイロン

② かけましょ

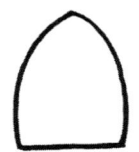

③ スイスイと

④ しわをのばして

⑤ スコップだ

🎵 ぞう

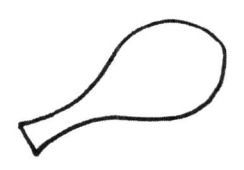

① しゃもじが１つありました

② おまめが２つくっついて

③ まんじゅう２つやってきた

④ 台にのせたら

⑤ ぞうさん

🎵 てるてるぼうず

① まーるに

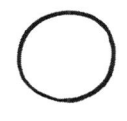

② さんかく

③ あめがふる

④ つるして

⑤ にっこり

⑥ てるてるぼうず

第５章　その他のあそび

♪ へのへのもへじ

① へ   ② の    ③ への

♪ ねこ

① みずたまりに   ② いしなげて 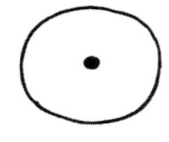   ③ みずしぶきが

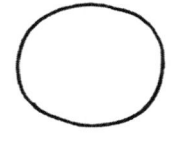

④ はねました    ⑤ さんかくふたつ もってきて   ⑥ くるりとまげると

⑦ ネコさんだ

♪ ぼうし

① おやまの

② したに

③ ちょうちょが

④ とんで

⑤ ぼうしだよ

♪ ロケット

① えんぴつかな

② おうちだよ

③ はねをつけたら

④ ロケットだ

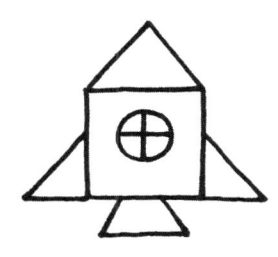

⑤ はっしゃ！

（木許）

第5章 その他のあそび

Ⅲ．子どもの想像力をふくらませる教材

　子どもの想像力をふくらませ、イメージを広げる方法には様々なものがあります。どの教材も、視覚的な補助が入ることによって、物語や歌詞などの内容をより具体的に印象深く理解するために使う教材と言えるでしょう。

1 えほん

　絵本は、古くから文字が読めない民衆に対して、その内容を理解させるものとして普及しました。そして、日本の絵本は、平安時代の絵巻物を起源として、奈良絵本（室町時代）、草双紙（江戸時代）と歴史をたどることができます。

　現在の絵本は、文字を十分に読むことができない子どもが、絵を見ながら物語を理解していく形が一般的です。また、ことばと視覚的なイメージを結びつけ、ことばの学習を目的としたものや、絵のみで物語を想像させることを目的としたものなどがあります。

2 かみしばい

　紙芝居の始まりは、落語の前座を務めていた三遊亭志ん三（1887-1964）が、うちわを人形に見たてて行った人形芝居だったと言われています。そして、1930年代に町のあちらこちらで演じられるようになって発展しました。

　現在の紙芝居は、子どもたちが絵を見ながら語り手の物語を聴くことによって物語を理解していきます。そして、語り手は演劇のようなパフォーマンスを行うこともしばしばです。また、芸能の一分野としても確立されました。

3 ペープサート

　ペープサートは、永柴孝堂（1909-1984）が1948年頃、児童文化財として作った紙人形劇が始まりと言われています。また、「紙人形劇（paper puppet theater）」を短縮した名前として現在に至っています。

　現在のペープサートは、2枚の紙に登場人物を描き、その間に竹ひごやストローなどをはさみ貼り合わせて作られています。そして、周りを切り抜き、中心の棒を回し、表裏を反転させながら操作します。

4 パネルシアター

　パネルシアターは、古宇田亮順（1937 －）が 1973 年に創案しました。その後、ブラックライトをパネルにあて、蛍光塗料で描かれた絵を動かす「ブラックパネルシアター」や、幻灯機をパネルの裏からあてる「影絵式パネルシアター」も開発されました。
　現在のパネルシアターは、パネル布を貼った舞台に絵や文字を貼ったり外したりしながら物語や歌、ゲームなどを展開していきます。

5 クイズやゲームの補助として使用する

　人形は、その物を使って演劇に発展させることができる道具です。古くは祈祷などに使われた時代もあるようですが、江戸時代より前にできた人形浄瑠璃も人形を使った芝居のひとつと考えられています。
　現在の人形は、手袋などを使って作られた手遣い人形（パペット）をはじめ、棒遣い人形、糸操り人形（マリオネット）など、操作方法によって分類されています。

（木許）

Ⅳ. 劇あそびと音楽

　劇あそびは、子どもたちが舞台上で台詞、身振りなどを用いて演技するあそびを指します。そして、物語や人物などを見せる芸術として保育・教育現場で用いられています。まず、台本が製作され、それに基づいた練習を重ね表現していきますが、子どもにとって達成感や満足感などが得られるものではないかと考えられています。

　また、演劇は、「芝居」とも言われます。これは、平安時代に遡り、演劇を観る客席が芝生であったことに由来しているようです。さらに、音楽で表現する部分を加えてオペレッタやミュージカルへと発展させる試みも多くみられます。

1　子どもたちのイメージづくり

　劇あそびは、ごっこあそびが発展した形と捉えることができます。そして、その題材は、子どもたちが好きな絵本などから選ぶと、劇あそびに対するイメージづくりが容易になります。題材が決まれば、その絵本の「伝えたいこと」をよく考えて、保育者がイメージをふくらませていきましょう。

2　演じる子どもたちはどんな子ども

　保育者が子どもたちと関わる中で、子どもたちの性格や長所、短所まで把握できていると思います。そこで、子どもたちに「どんな役も大切な役なんだ」ということを説明しましょう。そして、配役を決めたり係を決めたりする場合は、子どもがやってみたいという気持ちを大切にすることや、得意とすることを活かせるように配慮しましょう。また、子どもが、自分の役や係を理解すれば、責任感や存在感が生まれてくるでしょう。

3　脚色のテクニック

　物語の内容ができるだけ会話で進んでいくように工夫しましょう。そして、会話では説明できない部分や会話にすると難しくなる部分はナレーションによって進めましょう。特に絵本などは、絵の部分が場面を表すことが多いため、足りない部分を台詞やナレーションで補うと効果的です。また、年齢や発達段階によって、単純なことばのくり返しによって成立するように心がけましょう。

4 脚本づくりのテクニック

　脚本は、保育者が子どもたちに指導する上で最も大切なものとなります。その中には、子どもたちとともに創っていく過程を書き加えましょう。また、上演する場所を想定しながら、舞台上の出入りや動き、振り、台詞のやりとり、大道具の配置や移動などを「ト書き」として書き入れましょう。そして、効果音や音楽のタイミング、歌詞やダンスの配置などの指示を書き入れましょう。さらに、変更点は明確に書き加えておきましょう。

5 選曲のポイント

　登場人物のテーマや物語の中心になる曲を用いると一貫性のある物語となるでしょう。それぞれの物語に合った曲を選ぶことはもちろんですが、曲の雰囲気がその場面に合っていれば、BGMとして用いることができます。また、歌詞を替えて用いることもできます。子どもたちが好きな歌を用いる場合は、物語の中にその歌に合う場面を加えるなどの工夫をしましょう。さらに、曲数が多くなると劇あそびとしてまとまりのないものになってしまう場合があるので配慮が必要です。

6 脚本例「おむすびころりん」

　「おむすびころりん」の話には、ねずみが浄土の明かりを消してしまったために、そのままおじいさんの行方が知れなくなった話や、穴に落ちたおじいさんがねずみもち（もぐら）となった話など、様々なヴァリエーションがみられます。

　これらの話は、古くからある口承文芸で室町時代に「御伽草子」として成立したと見られています。あらすじの特徴は、「こぶとり爺さん」と同じく、無欲な老人と強欲な老人の対比で、因果応報など仏教的要素も合わせもっています。また、この話の中で特徴的な部分は、異界の住人であるネズミが善人に福をもたらすという筋立ての部分です。ネズミは「根の国の住人」（根住み）とも見られていて、米倉などにあるネズミの巣穴は黄泉の国、浄土への入り口と言い伝えられる地方もあるほどです。

あらすじ

> 　おじいさんが、いつものように山で木を切っていた。昼になったので、昼食にしようとおじいさんは切り株に腰かけ、おばあさんの握ったおむすびの包みを開いた。すると、おむすびが1つ滑り落ちて、山の斜面を転がり落ちていく。おじいさんが追いかけると、おむすびが木の根元に空いた穴に落ちてしまった。おじいさんが穴を覗き込むと、何やら声が聞こえてくる。おじいさんが他にも何か落としてみようか辺りを見渡していると、誤って穴に落ちてしまう。穴の中にはたくさんのネズミがいて、おむすびのお礼にと、大小のつづらを差し出し、おじいさんに選ばせた。おじいさんは小さいつづらを選んで家に持ち帰った。家で持ち帰ったつづらを開けてみると、たくさんの財宝が出てきた。これを聞きつけた隣のおじいさんは、同じように山でおむすびを蹴り、無理矢理穴へ入れた。おじいさんは自分から穴に入っていき、土産をよこせと言った。ネズミが大小のつづらを選ばせたが、欲張りなおじいさんはネコの鳴き真似をしてネズミを脅し、両方のつづらを持って帰ろうとした。ところが、ネズミがおじいさんに噛み付いたので、おじいさんは降参した。

「おむすびころりん」脚本例

配　役	セリフ	備　考
ナレーション	昔々、あるところに働き者で、やさしいおじいさんが住んでいました。	場面①：家の玄関
おじいさん	「今日も、仕事に行ってくるよ。」	おじいさんにお昼のおむすびをわたす。
おばあさん	「おじいさん、気を付けて行って下さいね。」	おばあさんに手を振りながら、山へ向かう。
おじいさん	「ありがとう。」	
ナレーション	おじいさんは、山で一生懸命に木を切っていました。お昼になったので…。	場面②：山の中
おじいさん	「さぁ、昼ごはんにしよう。」	切り株に腰かけ、おむすびの包みを開く。
おじいさん	「おいしそうなおむすびじゃ。アッ…。」	食べようとしたおむすびを落としてしまう。
全　員	「おむすびころりんスットントン。」	
おじいさん	「おい、どこまで行くんじゃ？」	おむすびを追いかける。
全　員	「おむすびころりんスットントン。」	
おじいさん	「こんなところにおちてしまった。」	穴を覗き込む。
全　員	「おむすびころりんスットントン。」	
おじいさん	「おやっ？」	
ナレーション	おじいさんが、穴の中を覗き込むと、穴の中では、ねずみたちがおむすびを見て、大騒ぎしていました。 （後略）	場面③：穴の中

このように脚色していくことによって、楽しい劇あそびが展開されていきます。「おむすびころりんスットントン。」の部分では、替え歌をうたったり、穴の中の部分では、ねずみたちのダンスなどが入ると、より幅広い表現力が身に付くでしょう。

（木許）

第6章
子どもの楽器

　子どもたちが大好きな楽器。ただ「弾く」、「打つ」という動作になるのではなく、その楽器が持っている美しい音を最大限に引き出し、子どもたちが、音色の美しさやリズムの楽しさを感じられるよう導くことも保育者の大きな役割だと思います。この章では、楽器あそびの基本となる楽器についての知識や演奏方法について学びましょう。

Ⅰ. 楽器の紹介と演奏法

　「リズムをとる」ということは、音楽にとって根源的な要素だといえます。なぜなら、リズムをならべるだけで音楽に成りうるからです。まず、打楽器を中心とした楽器の美しい音色を発見しましょう。

♪1 カスタネット

　スペインの大きな栗の実「カスターニャ」で作られたことから「カスタネット」という名前がつけられました。

演奏方法

・左手の中指にカスタネットの輪をくぐらせ、手のひらにのせる。（手の小さな子どもには、親指や人差し指に輪をくぐらせる。）①
・右手をくちばしのような形にし、指先で打つ。（手のひらで打つこともあるが、親指のつけ根などをはさむことがあるので注意する。）②

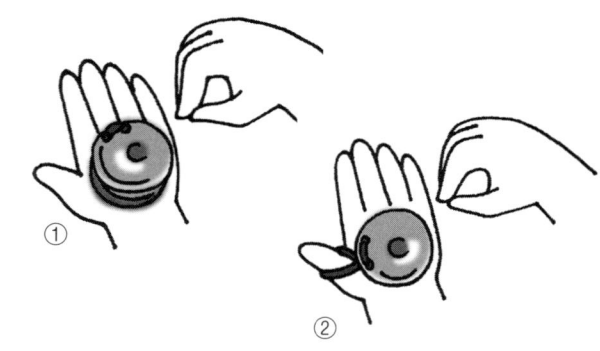

♪2 クラベス

　南米のキューバに起源をもつ円筒形の拍子木で、材質はローズウッドや黒檀など、堅い木を使ってつくられています。

演奏方法

・左手の指を軽くそろえて丸め、親指のつけ根と4本の指先とで支え持つ。（力を入れて持つと、楽器が響かなくなるので注意する。）
・右手でもう1本の根元を軽く持ち、打つ。

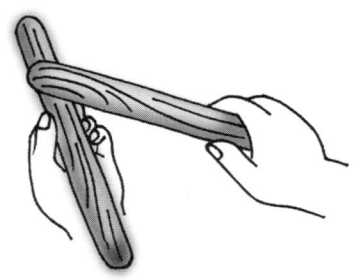

3 ♪ ウッドブロック

木をくりぬき、響きを良くするためのスリット（割れ目）を入れた楽器です。角型と丸型がありますが、保育現場では丸型が主流です。

演奏方法

・音程の低い方を左側に置くように持ち、硬めのマレットやスティックで打つ。

4 ♪ マラカス

ヴェネズエラで生まれた楽器で、ヤシ科の植物「マラカ」の実を干し、種子や小石を入れ、振って音を出します。

演奏方法

・持ち手の部分を床と水平に持ち、人差し指を球状の部分にそえて持ち、上下にふる。（音程の低い方を右手に持つように注意する。）
・その他、腕をまっすぐ下ろして回す「トレモロ奏法」もある。

5 ♪ ギロ

中南米で生まれた楽器で、ヒョウタンをくりぬき外側に刻みを入れ、細い棒でこすって音を出します。「グィロ」ともいわれます。

演奏方法

・胴の部分を左手で持ち、右手に持った細い棒を自分に向かって引き上げたり、前に向かって押し出したりしながら音を出す。
・棒を動かすスピードを変えることによって、様々なリズムを生む。

6 ♪ トライアングル

乗馬の時に足をかける「あぶみ」に似たヨーロッパ特有の三角形をした楽器です。ブラジル北東地域でも舞踏音楽で使われています。

演奏方法

・左手の人差し指に吊りひもを巻きつけ、親指で押さえるようにして持つ。
・ビーターは右手の親指と人差し指で軽く持ち、手首を自由に使い打つ。

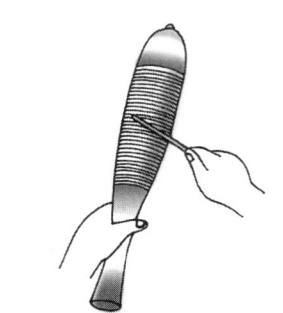

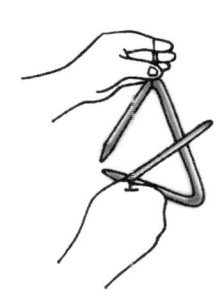

第6章　子どもの楽器

7 すず

いくつかの鈴を皮のひもや板、棒につけて振り鳴らす楽器です。ソリをひく動物の首に付けていたことから「ソリの鈴」とも言われています。

演奏方法

- 左手で持ち手をにぎり、右手のこぶしで左手のこぶしを打つ。
- 楽器を持ち上げて左右に振る「トレモロ奏法」もある。

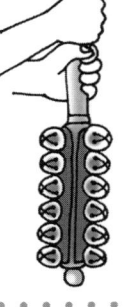

8 タンブリン

鈴が付いた太鼓の一種で、エジプトで作られた物が最も古いとされている楽器です。音楽をはじめダンスや体操にも用いられます。

演奏方法

- 左手で鼓面を水平にして持つ。
- 右手の指を軽く丸めて、指先で打つ。（強い音が必要な場合は、手のひらやこぶしで打っても良い。）
- 枠をにぎって振る「ロール奏法」もある。

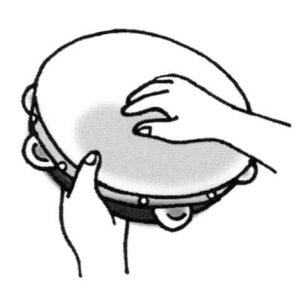

9 小太鼓

ペルシャやアラビアを発祥としてヨーロッパへ伝わり、軍楽隊で使われた楽器です。裏側の皮には響き線（スネア）がついています。

演奏方法

- スタンドに置き、2本のばち（スティック）を使って打つ。（作曲者の指示により、ワイヤーブラシを用いる場合もある。）

10 大太鼓

もともと右手に太鼓のばちを、左手にむちのような棒を持ち、両面を打つ楽器でしたが、現在では、フェルトや布をかぶせた大きなマレットで打つ楽器となりました。

演奏方法

- スタンドに置き、右手で打つ。（回転式スタンドの場合は、楽器を少し傾斜させて演奏する。）

11 シンバル

薄い金属製の円盤どうしを打ち合わせる楽器で、その大きさや厚さ、重さによって音色の違いを出すことができます。

演奏方法

・ストラップに手を通して、にぎりこむようにして持ち、互いに打ち合わせる。①
・スタンドなどに吊るし、マレットで打つ。②

12 木琴・鉄琴

木琴は、合図や信号用として木片を打つことから始まった楽器です。鉄琴は、教会の鐘の音をまねて作られた楽器です。現在では、どちらも音階に調律されています。

演奏方法

・楽器によって若干の違いはあるが、マレットで打つことが基本となる。
・楽器に合ったマレットを選ぶことが大切である。

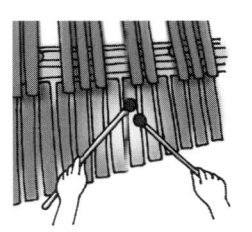

※左手を上にしてかまえる。

13 鍵盤ハーモニカ

ハーモニカと同じ金属製のリードを持つ楽器で、管楽器と同じように息を吹き込む強さを加減することによって表情豊かな表現が可能となりました。

演奏方法

・左手でかまえ、右手で鍵盤を弾く。
（座って演奏する場合、長い唄口の先を歯で噛み、カんでしまうことが多いので注意する。また、同じ音を連続して演奏する場合、タンギングによってリズムをきざむように注意する。）

14 ベル

1人が単音または複音を担当して、メロディーやハーモニーも演奏できることから、協調性や社会性が身に付く楽器として有名になりました。

演奏方法

・楽器のカップ部分を上に向け、腕を押し出すようにして音を出す。
・音を止める場合、胸などにあて音を止める。（手のひらでベルの部分にふれ、止めないよう注意する。）

（木許）

第6章 子どもの楽器

Ⅱ．アンサンブル（合奏・合唱）の指導

　アンサンブル（合奏・合唱）を指導するとき、「上手に演奏しなくては…。」という気持ちが先にたち、子どもたちの表情やこれまで練習してきた過程と成果を冷静に受けとめることのできない保育者が目立ちます。まず、子どもたちは、音楽を好きになっているでしょうか。また、子どもたちが担当する楽器を好きになっているでしょうか。
　保育者は、子どもたちが気持ちよく演奏できる環境づくりやことばがけによって、リズムや音楽が合ってくることを忘れないようにしましょう。

1 合奏における楽器配置例

例１：打楽器を主としたアンサンブル

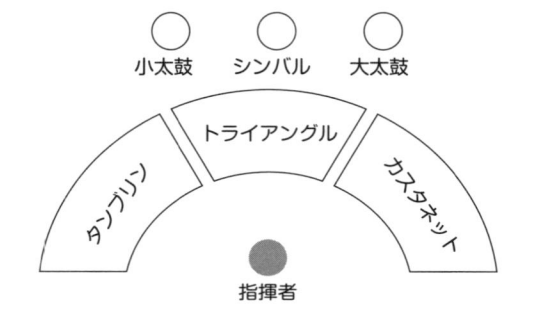

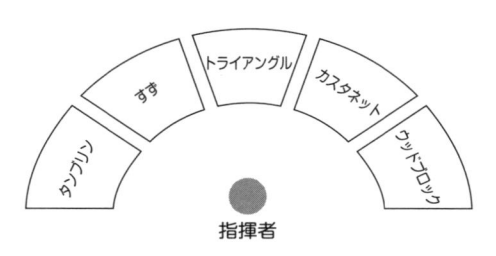

（左図）小太鼓・シンバル・大太鼓／タンブリン・トライアングル・カスタネット／指揮者

（右図）タンブリン・すず・トライアングル・カスタネット・ウッドブロック／指揮者

例２：鍵盤楽器を主としたアンサンブル

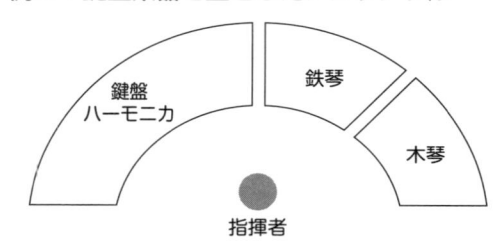

鍵盤ハーモニカ・鉄琴・木琴／指揮者

例３：鍵盤楽器と打楽器のアンサンブル

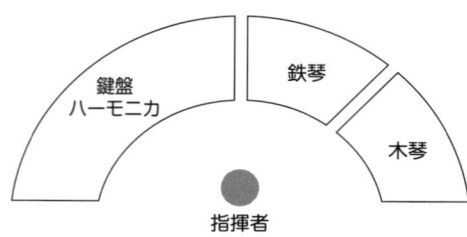

タンブリン・すず・トライアングル・カスタネット・ウッドブロック・小太鼓・シンバル・大太鼓

鍵盤ハーモニカ・鉄琴・木琴／指揮者

❷ 合唱におけるパート配置例

例1：2声部に分かれる合唱

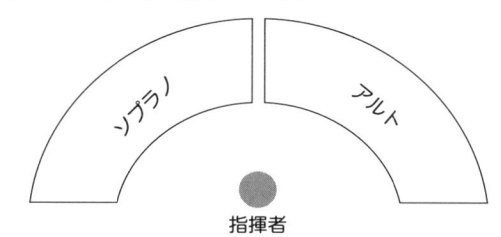

例2：3声部に分かれる合唱

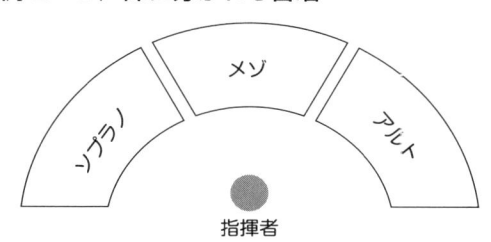

❸ よりよいアンサンブルを実現するために

1 楽譜の準備

　まず、楽譜をよく読みましょう。子どもたちが手にする楽器には、どんな楽器がありますか。その曲は、どんな雰囲気の曲ですか。これらのことを楽譜の中から読み取ることが大切です。次に、曲の原曲（もとになった曲）を聴きましょう。原曲のイメージをこわさないように演奏することも大切なことです。音源などを聴くことによって、保育者の中に曲のイメージがふくらむはずです。そして、作曲者や作詞者について学びましょう。時代背景やその他の作品などを調べることによって、音楽のまとめ方をイメージできるようになります。学んだことは、楽譜に書き込んでおくことも大切なことです。

2 指導・援助の準備

　楽譜に対する準備ができたら、子どもたちが演奏する楽器を実際に演奏したり、歌をうたったりしてみましょう。保育者は、すべてのことを経験した上で子どもへの指導や援助をおこなわなければなりません。そして、楽器を演奏する場合には、その楽器の扱い方（演奏方法）を確認した上で、正しいリズムで演奏できているかに注意しましょう。また、歌をうたう場合には、正しい音程でうたえているか、発音がはっきりしているかなど基本的な部分に注意しましょう。

3 子どもと一緒に

　バランスのチェックやブレス（息つぎ）などの問題を楽譜に書き込みましょう。子どもたちとくり返し練習する中で、その書き込みが指導のカリキュラムになり、練習計画が明らかになっていきます。

　そして、合奏・合唱ともに、全体練習をする前にパートごとの練習をしましょう。少人数で練習することによって、子どもたちに自信がつき、一人ひとりがしっかりと演奏できるようになっていきます。パートごとにできるようになれば、同じメロディーやリズムを演奏するグループ練習に発展させ、合奏・合唱としてバランスを取るようにしましょう。

　これらの準備や練習には時間がかかるでしょう。しかし、子どもたちは、音楽の中で何が起こっているかを理解し演奏できるようになっていくのです。

（木許）

Ⅲ．指揮法

　現在、世界各国に数多くの指揮法があります。指揮の基本は、まず、明確なテンポやリズムを指示することです。そして、音を出すきっかけやバランスをとることによって、総合的に音楽をまとめていくことが大切となります。大げさな身ぶりや手ぶりは必要ありません。子どもたちにとって、より分かりやすい指揮を心がけましょう。

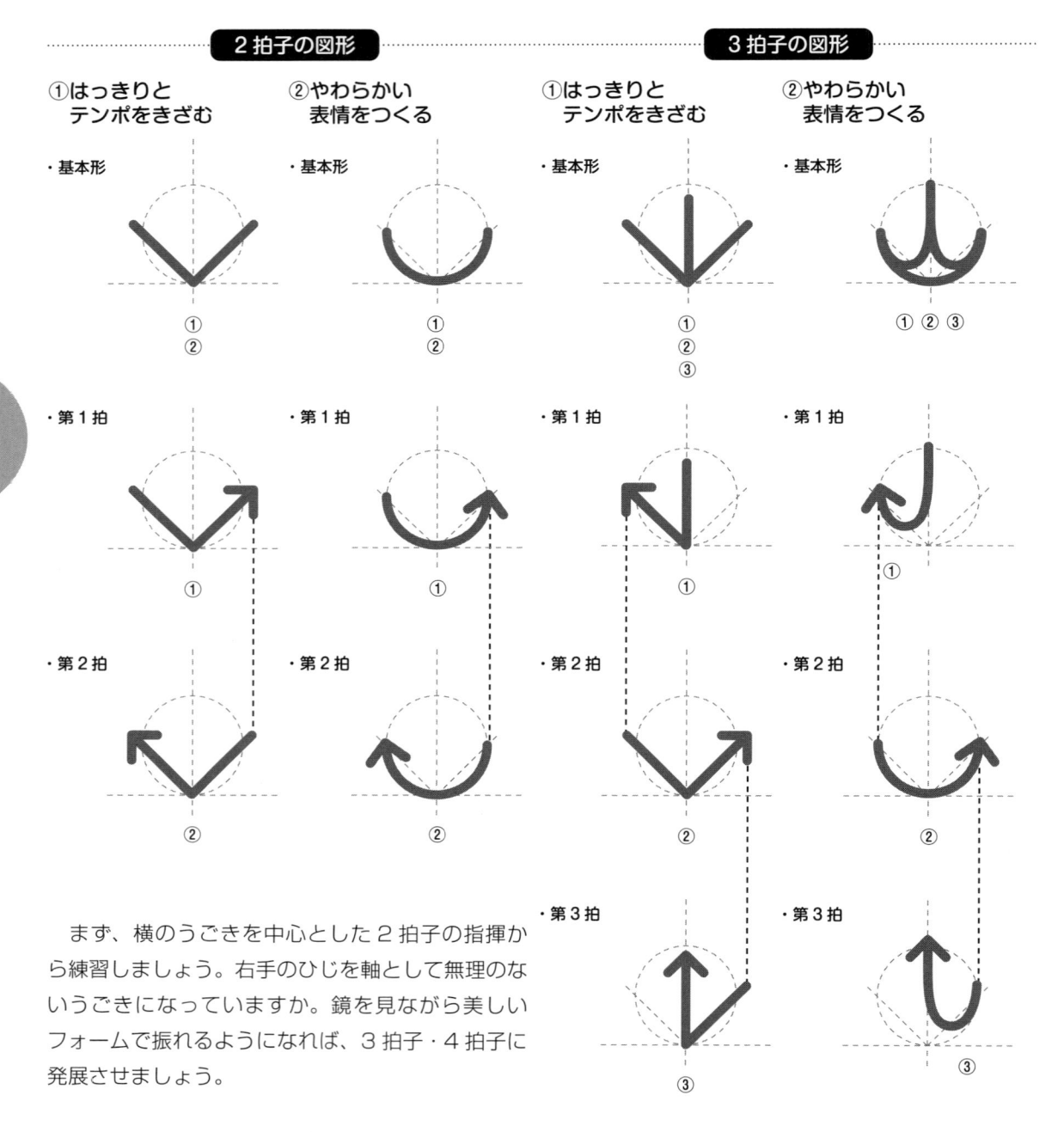

2拍子の図形

①はっきりとテンポをきざむ
・基本形
・第1拍
・第2拍

②やわらかい表情をつくる
・基本形
・第1拍
・第2拍

3拍子の図形

①はっきりとテンポをきざむ
・基本形
・第1拍
・第2拍
・第3拍

②やわらかい表情をつくる
・基本形
・第1拍
・第2拍
・第3拍

　まず、横のうごきを中心とした2拍子の指揮から練習しましょう。右手のひじを軸として無理のないうごきになっていますか。鏡を見ながら美しいフォームで振れるようになれば、3拍子・4拍子に発展させましょう。

4拍子の図形

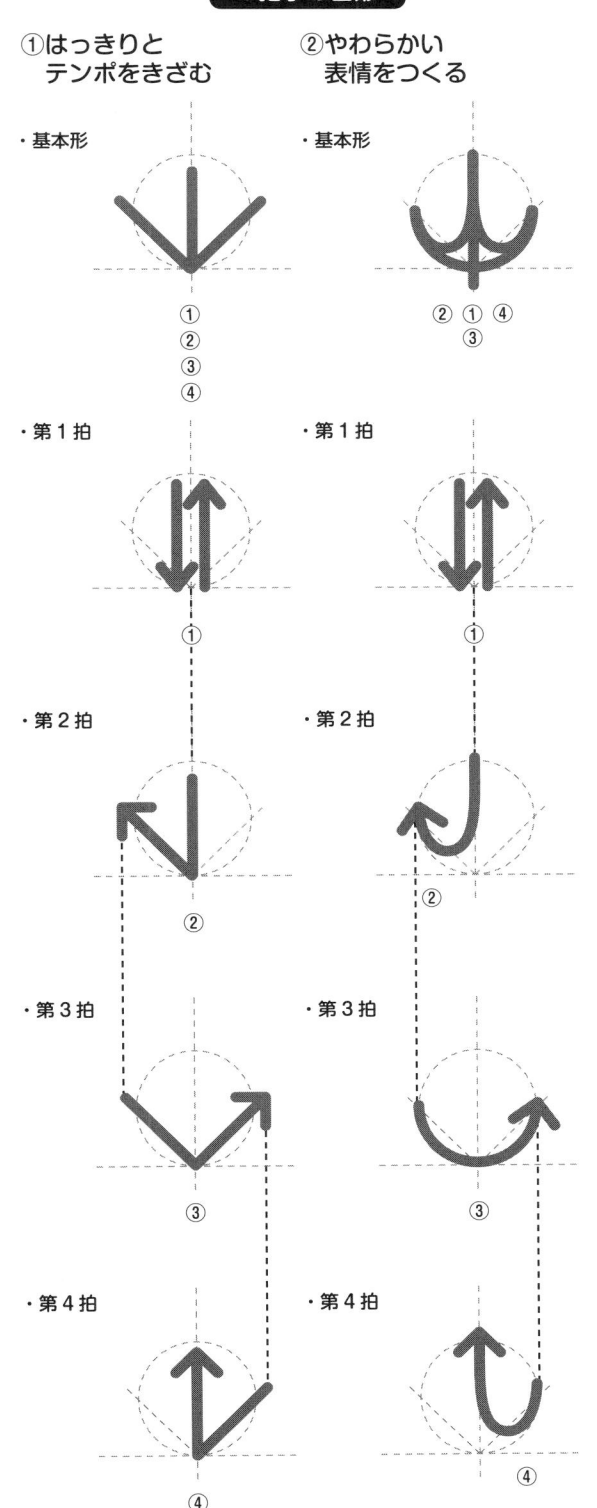

①はっきりと
　テンポをきざむ

②やわらかい
　表情をつくる

・基本形

・第1拍

・第2拍

・第3拍

・第4拍

ワルツの図形

テンポの速い3拍子では、各拍を分割して振ることが難しくなります。このような場合、3拍子を1つの拍にまとめて振ることによって、スピード感ある3拍子を表現できるでしょう。

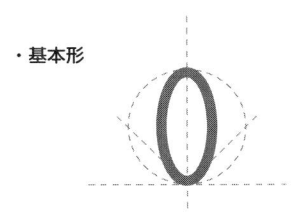

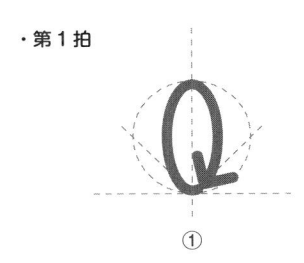

・基本形

・第1拍

　指揮は、腕をふることによって子どもたちに指示するものですから、基本的に手首を固定して腕全体でふるようにしましょう。また、これらの図形を基本として、強く演奏したい場合には、図形を大きく、弱く演奏したい場合には、図形を小さくして指示すると、より分かりやすくなると思います。

　左手は、音を出すきっかけやバランスをとることに使うよう心がけましょう。指揮の図形を両手でふる（左右対称の図形ができる）ことによって、テンポやリズムにずれが生じることもあるので注意が必要です。

（木許）

第6章　子どもの楽器

Ⅳ. 譜例

やきいもグーチーパー

作詞／阪田 寛夫　作曲／山本 直純　編曲／木許 隆

アイ・アイ

作詞／相田 裕美　作曲／宇野 誠一郎　編曲／木許 隆

第6章

170

第6章　子どもの楽器

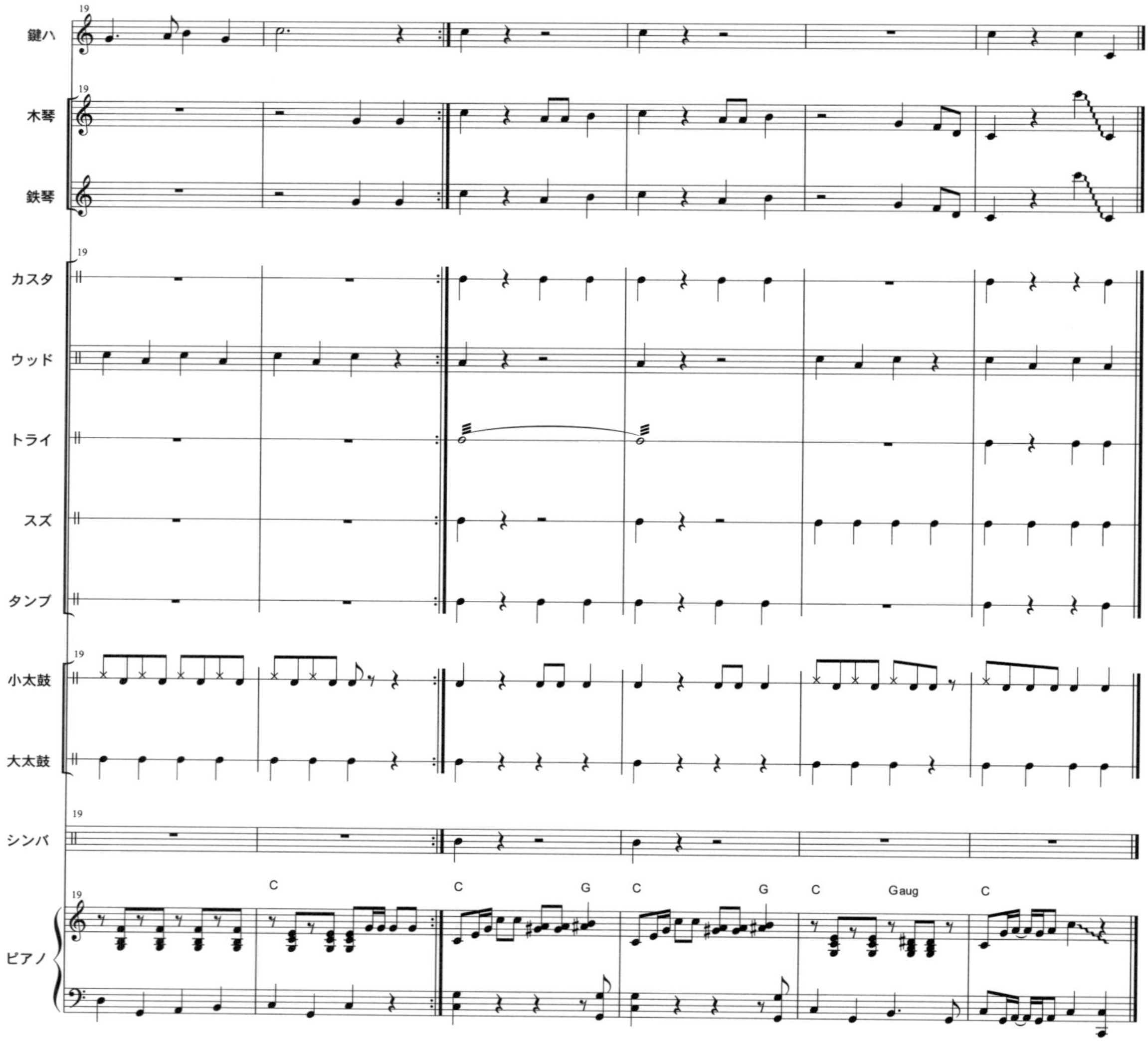
19
鍵ハ
木琴
鉄琴
カスタ
ウッド
トライ
スズ
タンブ
小太鼓
大太鼓
シンバ
ピアノ
C
C
G
C
G
C
Gaug
C

参考文献・引用文献一覧

- 日本唱歌集 ／ 堀内敬三他編（岩波文庫 1958）
- わらべうた　日本の伝承童謡　町田嘉章・浅野健二共著（岩波書店 1962）
- 日本唱歌全集 ／ 井上武士編（音楽之友社 1972）
- 日本のわらべ唄　民族の幼なごころ ／ 上笙一郎著（三省堂 1972）
- ホモ・ルーデンス ／ J.ホイジンガ著・高橋英夫訳（中央文庫 1973）
- コダーイ・システムとは何か ／ F.カタリン他著・羽仁協子他訳（全音楽譜出版社 1974）
- オルフによる音楽教育 1 ／ 花井　清編著（東洋館出版 1979）
- 幼児教育法　音楽・音楽リズム　理論編 ／ 真篠　将監修（三晃書房 1979）
- コダーイ・ゾルターンの教育思想と実践 ／ K.ゾルターン・中川弘一郎訳（全音楽譜出版社 1980）
- 保育技術事典 ／ 巷野悟朗・角尾　稔他著（東京同文書院 1980）
- 遊びと人間 ／ R.カイヨワ著・多田道太郎他訳（講談社 1981）
- 新保育内容講座　音楽リズム ／ 高杉自子他編著（光生館 1982）
- 世界の幼児教育　日本 ／ 白井　常著（丸善メイツ 1983）
- 音楽教育の現代化 ／ M.L.マーク著・松本ミサヲ他訳（音楽之友社 1986）
- 子どもとの遊びとうた ／ 小泉文夫著（草思社 1986）
- 幼稚園・保育園の音楽教育の理論と実際　子どもの発達と音楽 ／ 筧美智子著（音楽之友社 1986）
- 子どもと音楽 ／ 大畑祥子・浜野政雄他編著（同胞舎 1987）
- 童謡を訪ねて　太田信一郎（富士出版 1988）
- 音楽的表現の指導「幼児の音楽教育」／ 音楽教育研究会編（音楽教育研究協会 1990）
- 音楽リズム ／ 小林美実他編著（東京書籍 1988）
- 保育内容「表現」／ 黒川建一他編著（ミネルヴァ書房 1990）
- 幼児の音楽と教育 ／ 下田和男他編著（建帛社 1990）
- 保育内容「音楽表現」／ 大畑祥子編著（建帛社 1991）
- 幼児の音楽教育　音楽的表現の指導 ／ 音楽教育研究会編（音楽教育研究協会 1992）
- 幼稚園・保育所の保育内容　理論と実践　保育表現 1（音楽）／ 田中敏隆監修（田研出版 1992）
- 音楽教育メソードの比較 ／ L.チョクシー他著・板野和彦訳（全音楽譜出版社 1994）
- 新幼児教育法シリーズ　感性と表現に関する領域「表現」／ 黒川健一・小林美実著（東京書籍 1995）
- 音さがしの本 ／ R.M.シェーファー・今田匡彦著（春秋社 1996）
- モンテッソーリ教育法　子ども－社会－世界 ／ M.モンテッソーリ著・C.ルーメル他訳（ドン・ボスコ社 1997）
- 大人のための教科書の歌 ／ 川崎洋（イソップ社　1998）
- シュタイナー入門 ／ 西平　直著（講談社 1999）
- シュタイナー教育入門 ／ 子安美知子他著（学習研究社 2000）
- 0歳から7歳までのシュタイナー教育 ／ 堀内節子監修（学習研究社 2000）
- 保育内容総論 ／ 多々内美恵子他著（ミネルヴァ書房 2001）
- 幼稚園・保育園のための音楽教育法 ／ 音楽行動研究会編（ふくろう出版 2001）
- 教育の原点は言葉みがき　わらべうたが子どもを救う ／ 大島　清他著（健康ジャーナル社 2002）
- 子どもの教育・シュタイナーコレクション ／ 高橋　巌著（筑摩書房 2003）
- リズム・音楽・教育 ／ E.J.ダルクローズ著・河口眞朱美訳（開成出版 2003）
- 運動あそび指導百科 ／ 前橋明（ひかりのくに株式会社　2004）
- 子どもの表現を見る、育てる　音楽と造形の視点から ／ 今川恭子他編著（文化書房博文社 2005）
- 日本童謡辞典 ／ 上笙一郎編（東京堂出版 2005）
- 保育の内容・方法を知る　保育内容「表現」／ 花原幹夫編著（北大路書房 2005）
- 手あそび百科 ／ 植田光子編著（ひかりのくに株式会社 2006）
- 保育内容　音楽表現の探求 ／ 大畑祥子編著（相川書房 2006）
- 幼児教育・保育士養成のための幼児の音楽教育 ／ 音楽教育研究協会編（音楽教育研究協会 2006）
- 音楽による人間形成 ／ V.ヴェンシュ・森　章吾訳（風濤社 2007）
- 保育者のためのリズム遊び ／ 木許　隆他著（音楽之友社 2007）
- 幼稚園教育要領・保育所保育指針の成立と変遷 ／ 民秋　言編（萌文書林 2008）
- ここが変わった NEW 幼稚園教育要領 NEW 保育所保育指針ガイドブック ／ 武　隆他著（フレーベル館 2008）
- 保育所保育指針解説書 ／ 厚生労働省（フレーベル館 2008）
- 保育所保育指針　幼稚園教育要領（解説とポイント）／ ミネルヴァ書房編集部編（ミネルヴァ書房 2008）
- 保育を学ぶ人のための音楽表現演習 ／ 浅賀ひろみ編著（開成出版 2008）
- 幼稚園教育要領解説 ／ 文部科学省（フレーベル館 2008）
- 子どもとつくろう！ワクワク劇あそび ／ 永井裕美（ひかりのくに株式会社　2014）
- わらべうたあそび 120 ／ 阿部直美（ナツメ社　2015）
- 0～5歳児の手あそび・うたあそび ／ 阿部直美（ナツメ社　2016）
- あそびパーフェクト BOOK ／ 浅野ななみ他（ナツメ社　2017）
- 保育所保育指針 ／ 厚生労働省告示第 117 号（2017）
- 幼稚園教育要領 ／ 文部科学省告示第 62 号（2017）
- 幼保連携型認定こども園教育・保育要領 ／ 内閣府、文部科学省告示第 1 号、厚生労働省（2017）
- ここがポイント 3 法令ガイドブック ／ 無藤隆他（フレーベル社　2017）
- 幼稚園教育要領・保育所保育指針・幼保連携型認定こども園教育・保育要領の成立と変遷 ／ 民秋言他（萌文書林　2017）
- 最新保育資料集 2017 ／ 森上史朗他（ミネルヴァ書房　2017）

監修・編著者プロフィール

監修・編著者

高御堂愛子（たかみどう　あいこ）

武蔵野音楽大学音楽学部声楽学科卒業。元東海学園大学教育学部教授。現在、全国大学音楽教育学会、日本保育学会、愛知幼児教育研究会各会員。著書に、「保育者を目指して　幼児教育の基本」（共著・萌文書林）、「Piano collection ヒーリング編」（共著・共同音楽出版社）、「Piano collection ラブ・バラード編」（共著・共同音楽出版社）、「音楽の基礎」（共著・圭文社）などがある。

植田　光子（うえだ　みつこ）

国立音楽大学音楽学部音楽教育学科卒業後、米国ホーリー・ネームズ大学教育音楽学部音楽学科大学院修士課程修了（M.M.取得）。コダーイ・システム教育ディプロマ取得。同大学教育音楽学科専任講師（幼児音楽教育担当）を経て帰国。現在、大阪国際大学短期大学部名誉教授、日本音楽教育学会、全国大学音楽教育学会関西地区学会各会員。著書に「手あそび百科」（単著・ひかりのくに）、「やさしい弾き歌い 75」（共著・音楽之友社）などがある。

木許　隆（きもと　たかし）

大阪音楽大学音楽学部器楽学科を経て、ウィーン国立音楽大学指揮科マスターコース修了。ウィーン国際音楽コンクール（指揮部門）において、史上最年少で特別賞を受賞し帰国。播磨文化奨励賞受賞。現在、岐阜聖徳学園大学短期大学部准教授、全国大学音楽教育学会、日本音楽表現学会各会員。著書に、「リズム遊び」（共著・音楽之友社）、「歌のファンタジー」（単著・圭文社）、「音楽の基礎」（共著・圭文社）などがある。

著　者

岩佐　明子（いわさ　あきこ）

大阪音楽大学音楽学部器楽学科ピアノ専攻卒業、大阪音楽大学大学院音楽研究科器楽専攻ピアノソロ研究室修了。現在、京都文教短期大学幼児教育学科専任講師。全国大学音楽教育学会、日本保育学会、日本音楽教育学会各会員。ピアノソロのほか、ドイツリート、器楽、合唱の伴奏者としても活躍する。著書に、「明日へ歌い継ぐ日本の子どもの歌－唱歌童謡 140 年の歩み－」（共著・音楽之友社）がある。

岡田　暁子（おかだ　あきこ）

愛知県立芸術大学大学院音楽研究科器楽（ピアノ）専攻修士課程修了。オーストリア国立ザルツブルグ大学モーツァルテウム教育科（ピアノ）留学。現在、修文大学短期大学部幼児教育学科准教授。全国大学音楽教育学会、日本保育学会、日本保育者養成教育学会、全国幼児教育研究会各会員。

岡田　泰子（おかだ　やすこ）

　愛知県立芸術大学音楽学部器楽学科ピアノ専攻卒業。現在、中部学院大学短期大学部幼児教育学科准教授。岐阜市芸術文化奨励賞（ハンドベル）受賞。全国大学音楽教育学会、日本保育学会各会員。全日本リトミック音楽教育研究会岐阜支部長。主な著書に「Let's Play the BEYER」（共著・圭文社）、主な論文に「ハンドベル体験における自己変容について、「ハンドベル」演奏体験が社会人生活にもたらす影響」（中部学院大学研究紀要）などがある。

奥田　恵子（おくだ　けいこ）

　同志社女子大学学芸学部音楽学科ピアノ専攻卒業。元滋賀短期大学教授。現在、日本保育学会、全国大学音楽教育学会各会員。著書に「ピアノへのアプローチ４ステップス」（共著・音楽之友社）、「やさしい弾き歌い75」（共著・音楽之友社）などがある。各地での講演活動など幅広く活躍している。

加藤あや子（かとう　あやこ）

　相愛大学音楽学部音楽学科ピアノ専攻を経て、デトモルト・ミュンスター国立音楽大学、ロベルトシューマン・デュッセルドルフ国立音楽大学大学院（konzertexamen）修了。在学中、ドイツ、オランダにおいて数多くの演奏会に出演。ソロリサイタル、オーケストラとの共演、日演連演奏会ほか、声楽、器楽、合唱などの伴奏など幅広く活動している。現在、大阪教育大学教育学部准教授。全国大学音楽教育学会、日本表現学会各会員。

菊池由美子（きくち　ゆみこ）

　岩手大学大学院教育学研究科修士課程（音楽教育専攻）修了。モンテッソーリ教育と幼児の音楽教育について研究を重ね、現在、盛岡大学短期大学部教授。日本音楽学会、日本音楽教育学会、日本保育学会各会員。

田中　知子（たなか　ともこ）

　相愛大学音楽学部器楽学科ピアノ専攻卒業。聖和大学大学院教育学研究科幼児教育学専攻博士前期課程修了。NPO 法人リトミック研究センターにおいてディプロマ A 取得。現在、龍谷大学短期大学部こども教育学科講師。日本乳幼児教育学会、日本保育学会、全国大学音楽教育学会各会員。著書に「イメージであそぶ　ぴあの」（共著、サーベル社）、「新・保育の考え方と実践」（共著、久美株式会社）などがある。

松川　亜矢（まつかわ　あや）

　愛知教育大学教育学部初等教育教員養成課程芸術系（音楽）卒業、同大学大学院音楽教育学研究科音楽科内容学領域（声楽専攻）修了。現在、至学館大学健康科学部こども健康・教育学科助教。全国大学音楽教育学会、日本音楽教育学会、日本音楽表現学会各会員。主要な論文に「子育て支援プログラム『あそびの森』実践報告〈11〉平成 26 年度実施プログラム」（東海学院大学短期大学部紀要）などがある。

松本亜香里（まつもと　あかり）

　名古屋音楽大学大学院音楽研究科音楽教育専攻修了。保育園勤務後、鈴鹿大学短期大学部助手、助教を経て、現在、ユマニテク短期大学幼児保育学科講師。全国大学音楽教育学会、日本保育学会、日本保育者養成教育学会各会員。子育て支援施設などでのふれあいコンサートを行いながら、保育教材研究（表現活動や運動あそび、絵本など）を重ねる。著書に、「新子どもの健康」（共著・三晃書房）がある。

保育者をめざす
楽しい音楽表現

発　　　行	2009 年　4 月　1 日　初　版　第 1 刷発行
	2023 年　3 月　1 日　第 2 版　第 10 刷発行
監修・編著	高御堂愛子・植田　光子・木許　　隆
著　　者	岩佐　明子・岡田　暁子・岡田　泰子
	奥田　恵子・加藤あや子・菊池由美子
	田中　知子・松川　亜矢・松本亜香里
発　行　者	小森　順子
発　行　所	圭文社
	〒112-0013　東京都文京区音羽 1 - 14 - 2
	TEL：03-6265-0512　FAX：03-6265-0612
編集・制作	圭文社
印刷・製本	日経印刷株式会社
	ISBN978-4-87446-067-2

日本音楽著作権協会（出）許諾第0901723-310号
（JASRAC）

©Aiko Takamido 2009 Printed in Japan
・楽譜を無断で複写、複製することは著作権法で禁じられています。